2024

HUGO
DE BRITO
**MACHADO
SEGUNDO**
ORGANIZADOR

DIREITOS FUNDAMENTAIS DO CONTRIBUINTE

EM HOMENAGEM AO PROFESSOR
HUGO DE BRITO MACHADO

Adriana **Fonteles Silva** • Danielle de **Almeida Rocha**
Estevão **Mota Sousa** • José Ivan **Ayres Viana Filho** • Josefa Maria **Araújo Viana de Alencar**
Rodrigo **Damasceno Leitão** • Rômulo **Albuquerque Porto**

Dados Internacionais de Catalogação na Publicação (CIP) de acordo com ISBD

D598

Direitos fundamentais do contribuinte: em homenagem ao Profº Hugo de Brito Machado / Adriana Fonteles Silva ... [et al.] ; coordenado por Hugo de Brito Machado Segundo. - Indaiatuba, SP : Editora Foco, 2024.

160 p. ; 16cm x 23cm.

Inclui bibliografia e índice.

ISBN: 978-65-6120-048-6

1. Direito. 2. Direito fundamentais. 3. Contribuinte. 4. Profº Hugo de Brito Machado. I. Silva, Adriana Fonteles. II. Rocha, Danielle de Almeida. III. Sousa, Estevão Mota. IV. Viana Filho, José Ivan Ayres. V. Alencar, Josefa Maria Araújo Viana de. VI. Leitão, Rodrigo Damasceno. VII. Porto, Rômulo Albuquerque. VIII. Segundo, Hugo de Brito Machado. IX. Título.

2024-444

CDD 340   CDU 34

Elaborado por Vagner Rodolfo da Silva – CRB-8/9410

Índices para Catálogo Sistemático:

1. Direito 340

2. Direito 34

HUGO
DE BRITO
**MACHADO
SEGUNDO**
ORGANIZADOR

DIREITOS FUNDAMENTAIS DO CONTRIBUINTE

EM HOMENAGEM AO PROFESSOR
HUGO DE BRITO MACHADO

Adriana **Fonteles Silva** • Danielle de **Almeida Rocha**
Estevão **Mota Sousa** • José Ivan **Ayres Viana Filho** • Josefa Maria **Araújo Viana de Alencar**
Rodrigo **Damasceno Leitão** • Rômulo **Albuquerque Porto**

2024 © Editora Foco

Organizador: Hugo de Brito Machado Segundo
Autores: Adriana Fonteles Silva, Danielle de Almeida Rocha, Estevão Mota Sousa,
José Ivan Ayres Viana Filho, Josefa Maria Araújo Viana de Alencar,
Rodrigo Damasceno Leitão e Rômulo Albuquerque Porto
Diretor Acadêmico: Leonardo Pereira
Editor: Roberta Densa
Assistente Editorial: Paula Morishita
Revisora Sênior: Georgia Renata Dias
Capa Criação: Leonardo Hermano
Diagramação: Ladislau Lima e Aparecida Lima
Impressão miolo e capa: META BRASIL

DIREITOS AUTORAIS: É proibida a reprodução parcial ou total desta publicação, por qualquer forma ou meio, sem a prévia autorização da Editora FOCO, com exceção do teor das questões de concursos públicos que, por serem atos oficiais, não são protegidas como Direitos Autorais, na forma do Artigo 8º, IV, da Lei 9.610/1998. Referida vedação se estende às características gráficas da obra e sua editoração. A punição para a violação dos Direitos Autorais é crime previsto no Artigo 184 do Código Penal e as sanções civis às violações dos Direitos Autorais estão previstas nos Artigos 101 a 110 da Lei 9.610/1998. Os comentários das questões são de responsabilidade dos autores.

NOTAS DA EDITORA:

Atualizações e erratas: A presente obra é vendida como está, atualizada até a data do seu fechamento, informação que consta na página II do livro. Havendo a publicação de legislação de suma relevância, a editora, de forma discricionária, se empenhará em disponibilizar atualização futura.

Erratas: A Editora se compromete a disponibilizar no site www.editorafoco.com.br, na seção Atualizações, eventuais erratas por razões de erros técnicos ou de conteúdo. Solicitamos, outrossim, que o leitor faça a gentileza de colaborar com a perfeição da obra, comunicando eventual erro encontrado por meio de mensagem para contato@editorafoco.com.br. O acesso será disponibilizado durante a vigência da edição da obra.

Impresso no Brasil (4.2024) – Data de Fechamento (4.2024)

2024
Todos os direitos reservados à
Editora Foco Jurídico Ltda.
Rua Antonio Brunetti, 593 – Jd. Morada do Sol
CEP 13348-533 – Indaiatuba – SP

E-mail: contato@editorafoco.com.br
www.editorafoco.com.br

SOBRE O ORGANIZADOR

HUGO DE BRITO MACHADO SEGUNDO

Doutor em Direito Constitucional pela Universidade de Fortaleza (2009). Mestre em Direito (área de concentração: ordem jurídica constitucional) pela Universidade Federal do Ceará (2004). Bacharel em Direito pela Universidade Federal do Ceará (2000). Professor Associado da Faculdade de Direito da Universidade Federal do Ceará. Coordenador do Grupo de Pesquisas sobre "Democracia e Finanças Públicas", junto à Faculdade de Direito da Universidade Federal do Ceará. Foi coordenador do Programa de Pós-Graduação (Mestrado/Doutorado) da Faculdade de Direito da Universidade Federal do Ceará (2012-2016). Professor do Curso de Mestrado em Direito do Centro Universitário Christus (Unichristus). Membro do Instituto Brasileiro de Direito Tributário – IBDT e do Instituto Cearense de Estudos Tributários – ICET. *Visiting Research Scholar* na Wirtschaftsuniversität, Viena, Áustria (2012-2013, 2015-2016 e 2018).

HOMENAGEADO

Hugo de Brito Machado nasceu em Piracuruca, no Piauí, aos seis de maio de mil novecentos e quarenta. Perdeu o pai muito novo, não chegando a formar lembranças dele, tendo sido criado apenas pela mãe, Milarinda, que mesmo sem ter estudado muito, ou talvez justamente por isso, sabia o valor da educação e sempre foi muito cuidadosa na formação de seus filhos. Teve uma infância feliz, em um sítio de nome Limoeiro, onde pôde brincar livremente, e desde muito novo dar espaço a um de seus talentos, de construtor e engenheiro mecânico. Fabricava pequenos caminhões, usando caixotes de madeira que conseguia nas mercearias da cidade. Desmontava lanternas, e outras máquinas já sem uso em sua casa, para construir veículos ricos em detalhes, tais como luzes que acendiam e suspensão independente. Habilidades que décadas depois retornariam na prática do aeromodelismo rádio controlado, outro *hobby* que praticou, ao lado do estudo do Direito.

Iniciou seus estudos primários em Piracuruca/PI, de onde seguiu para Parnaíba/PI, a fim de cursar o Ginásio São Luís Gonzaga. Estudante interno, saía por vezes para dar voltas pela cidade, passear e assistir a brigas de canário, passatempo que inclusive lhe rendia alguns trocados, na ajuda que dava aos competidores no transporte das gaiolas. Quando os colegas de colégio ameaçaram dizer à sua mãe que ele andava saindo para ver brigas de passarinho na praça da cidade, em vez de ficar estudando, ele retrucava, seguro pelas notas que tirava: *"Sim, pode contar para ela. Mas mande os nossos boletins junto com a carta!"*

Seguiu para Fortaleza, a fim de servir o Exército Brasileiro – no qual passou pouco tempo, mas que lhe deixou boas lembranças – e cursar o segundo grau, concluído na Escola Fênix Caixeiral, que o formou Técnico em Contabilidade. Ele e o colega José Farias se saíram os mais bem colocados do curso, no ano que finalizaram seus estudos, o que levou José a convidar Hugo para montar, com ele, um escritório. Aí começou seu contato com dois grandes amores de sua vida: Maria José Farias, irmã de José Farias, que conheceu no trabalho, escriturando livros contábeis, com letra cursiva caprichada – detalhe que o impressionou –; e a tributação.

Seu espírito crítico e contestador, que o fazia não baixar a cabeça quando acreditava estar certo, já revelado em episódios como o da réplica aos que queriam denunciar as saídas para ver brigas de canário, levou a que não aceitasse autos de infração recebidos por clientes que sabia não estarem errados. Na elaboração das defesas, sentiu a necessidade de aprofundar os aspectos jurídicos da tributação, somada à curiosidade para saber mais sobre os fundamentos dos tributos cujos fatos geradores contabilizava. Isso o levou ao Curso de Direito, na Universidade Federal do Ceará, concluído em 1966.

Bacharel em Direito, com a formação técnica em contabilidade, Hugo de Brito Machado iniciou, então, uma profícua carreira como advogado tributarista. Foi o período em que escreveu seu primeiro livro, "O ICM", de 1971. Em 1979, veio o "Curso de Direito Tributário", que em suas mais de quarenta edições foi o professor de Direito Tributário de várias gerações, e para cuja publicação a ajuda de seu amigo Ives Gandra da Silva Martins foi fundamental, depois da recusa das editoras universitárias da Universidade de Fortaleza e da Universidade Federal do Ceará, revés que ele gostava de repetir como exemplo de que "há males que vêm para o bem".

Nos anos de 1973 e 1974, casado com Maria José e já com quatro filhos, não nascido o que escreve estas linhas, prestou concurso para Procurador da República, e para Juiz Federal. Aprovado em ambos, tomou posse como Procurador, cargo que exerceu por algum tempo, mas em seguida pediu exoneração para assumir como Juiz Federal, atuando por muitos anos na Segunda Vara da Seção Judiciária do Ceará. Em 1989, com a criação do Tribunal Regional Federal da Quinta Região, foi promovido, integrando a composição originária da Corte, da qual fez parte até a sua aposentadoria, em 1997.

Enquanto integrava o TRF-5, figurou, algumas vezes, em listas tríplices destinadas ao preenchimento de vagas no Superior Tribunal de Justiça. Conquanto o mais votado, em nenhuma das oportunidades foi escolhido pelo então Presidente da República. De um importante e influente político do Ceará, seu amigo, que tentava interceder a seu favor junto ao Executivo Federal, depois ouviu que nada havia contra ele em Brasília, onde era tido como um jurista respeitável. Desabonava-o, junto ao Presidente, apenas uma coisa: o fato de *não ser suficientemente "fazendário"*. E, realmente, como membro do TRF-5, fazendário ele não era: estudioso do Direito Tributário, não dava razão ao Fisco quando este não a tinha, o que não é tão comum entre membros do Judiciário, notadamente entre aqueles que aspiram ascender na carreira, e que para tanto dependem da boa-vontade do Executivo, dura realidade da qual sua história foi exemplo. Desgostoso, preferiu aposentar-se.

Aposentado, o Prof. Hugo não voltou à advocacia contenciosa. Disse que não teria paciência. Passou a atuar como consultor, assinando pareceres que expressavam, em suas palavras, *"como ele decidiria se fosse o juiz"*.

Como Professor, iniciou sua carreira na Universidade de Fortaleza, ainda nos anos 1970, prestando concurso posteriormente para a Universidade Federal do Ceará, da qual foi Professor Titular de Direito Tributário até sua aposentadoria compulsória. Mesmo depois de aposentado, continuou a dar aulas na pós-graduação, na disciplina que agora dá ensejo à edição deste livro, enquanto sua saúde permitiu, primeiro como professor visitante, e, depois, voluntariamente mesmo, simplesmente porque era uma das coisas que mais gostava de fazer.

Nos últimos anos, aposentado da Universidade, e do Tribunal, continuou trabalhando como parecerista, bem como na atualização de seus livros e artigos, o que era para ele um verdadeiro *hobby,* ao lado do aeromodelismo, cuja oficina ficava logo ao lado de sua biblioteca, e que tantos advogados que lhe pediam pareceres foram convidados a visitar.

A pandemia, e as sequelas que deixou, o impediram de continuar algumas dessas atividades. Entretanto, mesmo em seus últimos dias, já debilitado, trazer-lhe as provas de uma nova edição do "curso", para que revisasse, era uma das coisas que mais lhe acendiam o brilho de seus verdes olhos.

Advogado, membro do ministério público, magistrado, professor e consultor, em todas essas posições seu pensamento se manteve firme, o que não significa que não tenha mudado, não por conveniências, mas por se convencer de que estava errado. Pode ser identificado como liberal, no mais autêntico sentido da palavra. Não conservador, mas defensor da liberdade em todas as suas facetas. Mostra disso são suas posições favoráveis à progressividade, e ao imposto sobre grandes fortunas, aliadas à defesa do direito ao planejamento tributário, e à incansável luta contra o arbítrio e o agigantamento do poder estatal, inclusive no âmbito dos crimes contra a ordem tributária, ramo em torno do qual também teve escritos repercutindo na jurisprudência, a exemplo da Súmula Vinculante 24/STF. Em poucas palavras, esta frase que gostava de repetir bem traduz sua filosofia política: *"Autoridades são apenas alguns, e só durante algum tempo, enquanto cidadãos somos todos nós, e durante toda a nossa vida."*

Preocupado com os aspectos técnicos do Direito Tributário, e com a coerência de seu pensamento, o Prof. Hugo de Brito Machado considerava indispensável, ao bom conhecimento do Direito e ao correto enfrentamento das questões jurídicas, o domínio de noções de Teoria Geral do Direito. Mas tudo sem prejuízo da clareza e da didática. Mostra disso se colhe em seu livro "Uma Introdução ao Estudo do Direito", publicado inicialmente pela Dialética, e desde a segunda edição pela editora Atlas, cuja iniciativa de escrever lhe veio quando, dando aula a alunos de pós-graduação, percebeu a carência que tinham de noções de teoria do direito, e a falta que isso lhes fazia.

Sobre a Teoria do Direito, em uma primeira fase de seu pensamento, foi rigidamente kelseniano. Lia, anotava e fichava tudo em torno dos principais livros do mestre de Viena. Mas o tempo, a experiência na prática do Direito, e alguns embates com o colega de UFC e amigo Arnaldo Vasconcelos, mudaram seu pensamento, levando-o a escrever o seguinte soneto, que consta do seu livro de Introdução, a partir da segunda edição (*Introdução ao Estudo do Direito*, 2. ed. São Paulo: Atlas, 2004, p. 14):

> *"A Justiça é apenas atributo.*
> *Não existe por si. É qualidade.*
> *E mesmo o sábio, aquele mais arguto*
> *não a define com tranquilidade.*
>
> *Muitos dizem que ela está na lei,*
> *que a obediência deste a realiza.*
> *Também assim um dia eu já pensei.*
> *Tal como o legalismo o preconiza.*
>
> *Mas hoje vejo que não é assim.*
> *A lei é meio, a Justiça um fim,*
> *um ideal de toda a humanidade.*
>
> *Enquanto a Lei é simples instrumento,*
> *a Justiça é muito mais, é sentimento*
> *de harmonia de paz, e de igualdade."*

Recordo quando, na festa de inauguração do escritório de um colega, em Fortaleza, ele declamou o soneto para alguns amigos, tendo Paulo Bonavides, que estava ao seu lado, destacado de plano: "É o seu rompimento com Kelsen!"

Cada uma dessas etapas de sua vida reserva detalhes e desdobramentos que recordo com afeto, podendo narrar em minúcias aqui, mas que tornariam este texto demasiadamente extenso. Talvez um livro de vários volumes. O sentimento, agora, é o de que centenas de páginas seriam insuficientes para traduzir o que ele significou para o Direito Tributário, e, mais ainda, para seu filho caçula, que escreve estas linhas. Uma tijubina, presa em um estojo de lápis para ser depois colocada na roupa de um colega de ginásio. O diretor que lhe confiou a chave da escola, para que pudesse sair e voltar quando quisesse. O papagaio que lhe acordava gritando "Hugo, tomar café para ir à escola", mesmo aos domingos ou nas férias. O carneiro que usava de meio de transporte, e no qual ia montado para a escola primária. Um camaleão que uma tia jantou enganada pelos demais familiares, que a fizeram pensar que o prato era de frango. Debates com colegas do primeiro ano do Curso de Direito da UFC sobre a obra de Aftalión. As dificuldades que um desafeto ligado à ditadura militar colocou para que fizesse o concurso para juiz federal. Debates acalorados sobre hierarquia da lei complementar, sobre o conceito de faturamento, de lucro, de receita, de mercadoria, a taxatividade da lista de serviços do ISS. Sobre mandado de segurança e a efetividade da jurisdição. Sobre a importância dos conceitos, da teoria, da clareza. Sobre a responsabilidade pessoal do agente público. Acontecimentos havidos durante sua passagem pelo

TRF-5, com colegas, advogados e partes. Sua atuação como membro da composição originária da Agência Reguladora de Serviços Públicos do Estado do Ceará (ARCE), a convite do Governador Tasso Jereissati, as experiências que teve no processo de privatização, e os embates com os demais conselheiros do órgão, que eram engenheiros. Disputas acadêmicas com amigos como Ives, Souto, Ataliba, Paulo de Barros e tantos outros cujas obras são pilares do Direito Tributário Brasileiro. Talvez tudo isso, um dia, renda uma biografia. No momento, encerro este texto, no qual pretendi sintetizar um pouco da vida e da obra do homenageado, agradecendo aos alunos da disciplina do PPGD pela homenagem que a ele decidiram prestar com este livro.

Hugo de Brito Machado Segundo

PREFÁCIO

A Universidade Federal do Ceará, ao longo dos anos, consolidou-se como palco de reflexões profundas sobre o Direito Tributário. Em especial, no âmbito da disciplina de Direitos Fundamentais do Contribuinte, do Programa de Pós--Graduação em Direito, idealizada e até 2019 conduzida pelo meu saudoso pai, o Professor Hugo de Brito Machado, e que agora se acha sob minha responsabilidade.

O livro que ora prefacio é resultado direto dessas discussões, emergindo das mentes inquisitivas e dedicadas de alunos do mestrado e doutorado que aqui consolidam seus estudos e suas reflexões, fruto das leituras e em especial dos debates em sala de aula, ao longo do primeiro semestre de 2023. Eles decidiram, de maneira nobre, dedicar este trabalho à memória de meu pai, reconhecendo sua influência e importância no campo.

Ao percorrer cada capítulo, o leitor encontrará análises detalhadas sobre o sistema tributário brasileiro. Em cada página, nota-se o comprometimento destes pesquisadores com a evolução contínua do pensamento jurídico relacionado aos direitos fundamentais do contribuinte, e a influência, por igual, das ideias do professor homenageado.

Os direitos fundamentais do contribuinte não surgiram de uma única ideia ou momento histórico. São, de fato, o resultado de um processo evolutivo, moldado por tentativas, erros e ajustes, em um esforço coletivo das sociedades humanas para equilibrar a necessária ação de cobrar tributos com a proteção contra o arbítrio. A trajetória que desemboca nos princípios e práticas atuais é longa e repleta de desafios e conquistas.

Como tenho insistido, publicar uma obra acadêmica, mais do que compartilhar conhecimento, significa expor ideias ao debate. É uma forma de convidar à crítica, ao diálogo e ao aprimoramento contínuo dos conceitos. Algo necessário ao progresso e ao aprimoramento do saber, mas que exige coragem, e responsabilidade. Nesse sentido, valorizo imensamente a iniciativa destes pesquisadores, que não apenas contribuem para o progresso da área, mas também consolidam a relevância da disciplina e seu impacto na formação jurídica.

Ao encerrar este prefácio, convido você, leitora, a se aprofundar nos textos que se seguem, confiante de que encontrará material valioso e reflexões enriquecedoras sobre as complexidades do sistema tributário e a importância da proteção dos direitos fundamentais do contribuinte.

Fortaleza, outubro de 2023.

Hugo de Brito Machado Segundo

APRESENTAÇÃO

A coletânea "Direitos Fundamentais do Contribuinte" mergulha nas nuances do sistema tributário brasileiro a partir da perspectiva de especialistas estudados na disciplina de Direitos Fundamentais do Contribuinte da Pós-graduação da Universidade Federal do Ceará. Cada capítulo, abordando um tema específico, contribui para uma compreensão abrangente e crítica dos desafios enfrentados pelos contribuintes na sociedade.

No primeiro capítulo, intitulado "A Modulação dos Efeitos das Decisões e o Recurso Extraordinário n.º 574.706/PR: uma abordagem à luz de argumentos consequencialistas", a autora Adriana Fonteles Silva conduz uma análise perspicaz sobre a modulação dos efeitos das decisões, explorando o Recurso Extraordinário n.º 574.706/PR com fundamentação em argumentos consequencialistas.

No segundo capítulo, "O Papel do Tributo como Ferramenta Estatal na Proteção Ambiental: apontamentos acerca da Reforma Tributária (PECs 45/2019 e 110/2019)", escrito por Danielle de Almeida Rocha, destaca-se o tributo como uma poderosa ferramenta estatal na proteção ambiental, oferecendo insights valiosos sobre a Reforma Tributária por meio das PECs 45/2019 e 110/2019.

O terceiro capítulo, "(In)efetividade do Direito à Jurisdição perante o Poder Público Devedor: a constitucionalidade das emendas constitucionais modificativas do regime jurídico de precatórios segundo o STF de 1988 a 2023", de autoria de Estevão Mota Sousa, examina a (in)efetividade do direito à jurisdição diante do Poder Público Devedor, abordando a constitucionalidade das emendas constitucionais modificativas do regime jurídico de precatórios sob a perspectiva do STF de 1988 a 2023.

No quarto capítulo, "A Transação Tributária à Luz dos Direitos Fundamentais do Contribuinte: uma análise segundo o pensamento de Hugo de Brito Machado", o autor José Ivan Ayres Viana Filho conduz uma análise profunda da transação tributária, iluminando-a sob a perspectiva dos direitos fundamentais do contribuinte e fundamentando-se no pensamento de Hugo de Brito Machado.

No quinto capítulo, "Insegurança Jurídica dos Incentivos Fiscais Frente à Proposta de Reforma Tributária – PEC45/2019", Josefa Maria Araújo Viana de Alencar investiga a insegurança jurídica dos incentivos fiscais diante da proposta de Reforma Tributária (PEC45/2019), lançando luz sobre as implicações e desafios.

O sexto capítulo, "A Tipicidade como Corolário da Legalidade: um estudo a partir de Hugo de Brito Machado", de autoria de Rômulo Albuquerque Porto, explora a tipicidade como corolário da legalidade, fundamentando-se no pensamento de Hugo de Brito Machado, proporcionando uma análise profunda e esclarecedora.

O sétimo e último capítulo, "O Consequencialismo na Modulação dos Efeitos em Matéria Tributária", encerra a obra com uma reflexão crítica e contemporânea do autor Rodrigo Damasceno Leitão sobre o consequencialismo na modulação dos efeitos em matéria tributária.

Essa obra representa um convite à reflexão e ao aprofundamento nas complexidades do sistema tributário, guiado por especialistas comprometidos em desvelar os desafios e perspectivas dos direitos fundamentais do contribuinte.

SUMÁRIO

SOBRE O ORGANIZADOR... V

HOMENAGEADO

Hugo de Brito Machado Segundo.. VII

PREFÁCIO

Hugo de Brito Machado Segundo.. XIII

APRESENTAÇÃO XV

CAPÍTULO 1 – A MODULAÇÃO DOS EFEITOS DAS DECISÕES E O RECURSO EXTRAORDINÁRIO 574.706/PR: UMA ABORDAGEM À LUZ DE ARGUMENTOS CONSEQUENCIALISTAS

Adriana Fonteles Silva.. 1

CAPÍTULO 2 – O PAPEL DO TRIBUTO COMO FERRAMENTA ESTA-TAL NA PROTEÇÃO AMBIENTAL: APONTAMENTOS ACERCA DA REFORMA TRIBUTÁRIA (DISCUSSÕES NO BOJO DA PEC 45/2019, TRANSFORMADA NA EC 132/2023)

Danielle de Almeida Rocha.. 17

CAPÍTULO 3 – (IN)EFETIVIDADE DO DIREITO À JURISDIÇÃO PE-RANTE O PODER PÚBLICO DEVEDOR: A CONSTITUCIONALIDADE DAS EMENDAS CONSTITUCIONAIS MODIFICATIVAS DO REGIME JURÍDICO DE PRECATÓRIOS SEGUNDO O STF DE 1988 A 2023

Estevão Mota Sousa.. 33

CAPÍTULO 4 – A TRANSAÇÃO TRIBUTÁRIA À LUZ DOS DIREITOS FUNDAMENTAIS DO CONTRIBUINTE: UMA ANÁLISE SEGUNDO O PENSAMENTO DE HUGO DE BRITO MACHADO

José Ivan Ayres Viana Filho... 55

CAPÍTULO 5 – INSEGURANÇA JURÍDICA DOS INCENTIVOS FISCAIS FRENTE À PROPOSTA DE REFORMA TRIBUTÁRIA – PEC 45/2019

Josefa Maria Araújo Viana De Alencar 75

CAPÍTULO 6 – A TIPICIDADE COMO COROLÁRIO DA LEGALIDADE: UM ESTUDO A PARTIR DE HUGO DE BRITO MACHADO

Rômulo Albuquerque Porto.. 103

CAPÍTULO 7 – O CONSEQUENCIALISMO NA MODULAÇÃO DE EFEITOS EM MATÉRIA TRIBUTÁRIA

Rodrigo Damasceno Leitão.. 119

Capítulo 1
A MODULAÇÃO DOS EFEITOS DAS DECISÕES E O RECURSO EXTRAORDINÁRIO 574.706/PR: UMA ABORDAGEM À LUZ DE ARGUMENTOS CONSEQUENCIALISTAS

Adriana Fonteles Silva

Mestra em Direito Constitucional pela Universidade Federal do Ceará. Especialista em Direito Tributário. Pós-graduada em Processo Civil. Residente Jurídica do Ministério Público Federal no Ceará. Pesquisadora do Grupo de Pesquisa em Tributação Ambiental CNPq. Pesquisadora do Grupo de Estudos Gtax – eixo – direito e economia. Pesquisadora da Oficina de Direito Ambiental GPDAES – FDUSP. Pesquisadora CAPES. Lattes: http://lattes.cnpq.br/3714475868077384. E-mail: adrianafonteles.af@gmail.com.

Sumário: Introdução – 1. O artigo 27, da Lei 9.868/99 e os elementos da modulação de efeitos das decisões; 1.1 Segurança jurídica; 1.2 Excepcional interesse social – 2. Modulação e o argumento do impacto orçamentário nas decisões do STF em matéria tributária; 2.1 Recurso Extraordinário 574.706/PR e a modulação dos efeitos com base no argumento do impacto orçamentário – 3. Considerações finais – Referências.

INTRODUÇÃO

O Poder Judiciário, através da jurisdição constitucional, busca equilibrar os poderes visando a ordem do Estado Democrático de Direito e da supremacia da Constituição. E um dos mecanismos utilizados para manter esse equilíbrio são as ações de controle de constitucionalidade, no qual o Supremo Tribunal Federal declara a inconstitucionalidade de leis ou atos normativos que estejam em desacordo com a Constituição. A partir de então, surgem controvérsias em relação aos efeitos dessa declaração.

O artigo 27 da Lei 9.868/1999, permite ao Supremo Tribunal Federal que, por razões de segurança jurídica ou de excepcional interesse social, possam modular os efeitos da declaração de inconstitucionalidade, seja para restringi-los à data do trânsito em julgado da decisão ou outro momento posterior, que seja fixado.

Para tanto, faz-se necessário que essa decisão se dê por um quórum qualificado e as razões de modulação possuam fundamento na segurança jurídica e no excepcional interesse social. Diante disso, o artigo cuida no estudo desses dois elementos, como instrumentos basilares a serem levados em consideração na interpretação da norma jurídica no momento de decidir pela modulação dos efeitos das decisões.

Partindo dessas premissas, objetivando identificar os limites de juridicidade da norma que permite a modulação de efeitos das decisões, discorremos sobre os elementos utilizados para fundamentar a modulação, no que se refere a modulação e o argumento de impacto no orçamento nos cofres públicos, que diretamente dependem da arrecadação tributária. Para tanto, utilizar-se-á como estudo de caso a modulação dos efeitos via controle difuso no Recurso Extraordinário 574.706/PR, que trata da exclusão do ICMS da base de cálculo do PIS e da COFINS em que o Supremo acolheu argumentos consequencialistas da Fazenda Pública e modulou os efeitos do julgado para restringir a produção dos efeitos da decisão.

Diante disso, se propõe examinar como o consequencialismo pode influenciar o critério para a modulação de efeitos em decisões tributárias, e quais são os argumentos subjacentes aplicados no contexto das decisões?

Em outras palavras, o artigo buscará examinar os elementos segurança jurídica e o excepcional interesse social, assim como suas aplicações no contexto da modulação dos efeitos e as implicações relacionadas à segurança jurídica do contribuinte.

1. O ARTIGO 27, DA LEI 9.868/99 E OS ELEMENTOS DA MODULAÇÃO DE EFEITOS DAS DECISÕES

O artigo 27 da Lei 9.868/99, estabelece os parâmetros para determinar os efeitos das decisões tomadas em casos de controle de constitucionalidade, sendo responsável por orientar os tribunais a levar em consideração dois elementos ao decidir sobre a aplicação temporal de suas decisões: a segurança jurídica e o excepcional interesse social. Referidos critérios são essenciais para assegurar a estabilidade jurídica e promover a igualdade nas ações de controle, uma vez que permitem que os tribunais avaliem e ajustem os impactos de suas decisões. A seguir discorreremos em subtópicos próprios sobre o que se entende sobre segurança jurídica e excepcional interesse social.

1.1 Segurança jurídica

A segurança jurídica é um princípio fundamental do Estado de Direito, pois visa garantir estabilidade, previsibilidade e confiança nas relações jurídicas. Segundo o professor Hugo de Brito Machado[1] "a segurança é um dos valores fun-

---

1. MACHADO, Hugo de Brito. *Os princípios da tributação na Constituição de 1988.* 6. ed. São Paulo: Malheiros, 2019, p. 129.

damentais da humanidade, que ao Direito cabe preservar. Ao lado do valor como os únicos elementos que, no Direito, escapam à relatividade no tempo e no espaço".

No contexto do direito tributário não é diferente, sendo a segurança jurídica de extrema importância tanto para os contribuintes quanto para o Estado, pois, trata-se de um princípio, que gera nos contribuintes o sentimento de confiança de que as normas fiscais serão aplicadas de maneira estável ao longo do tempo. E é esse um dos motivos pelo qual as regras e interpretações jurídicas devem ser claras, coerentes e previsíveis, permitindo que os contribuintes possam organizar suas atividades econômicas, se planejar consoante as exigências legais.

Conforme Humberto Ávila:[2]

> É justamente porque as normas são construídas pelo intérprete a partir dos dispositivos que não se pode chegar à conclusão de que este ou aquele dispositivo contém uma regra ou um princípio. Essa qualificação normativa depende de conexões axiológicas que não estão incorporadas ao texto nem a ele pertencem, mas são, antes, construídas pelo próprio intérprete. Isso não quer dizer, como já afirmado, que o intérprete é livre para fazer as conexões entre as normas e os fins a cuja realização elas servem. O ordenamento jurídico estabelece a realização dos fins, a preservação dos valores e a manutenção ou a busca de determinados bens jurídicos essenciais à realização daqueles fins e à preservação desses valores.

Para o autor, a norma deve ser interpretada de maneira a evidenciar seus significados conforme seus valores e fins despontados na linguagem constitucional.

Segundo a professora Misabel Derzi,[3] a segurança jurídica é um princípio fundamental que deve orientar toda a atuação do Estado, segundo seu entendimento, a segurança jurídica consiste em uma relação de confiança que deve existir entre o contribuinte e o Estado. Isso significa que os indivíduos devem ter a certeza de que as normas jurídicas serão aplicadas de forma estável, consistente e previsível ao longo do tempo.

Destaca-se que a segurança jurídica não se resume apenas à estabilidade das leis, mas também envolve outros elementos, como a coerência e a transparência na interpretação e aplicação do direito. Isso implica que as decisões dos órgãos judiciais e administrativos devem ser fundamentadas, consistentes e devidamente justificadas, garantindo assim a confiança dos cidadãos no sistema jurídico.

Conforme Paulo Ayres Barreto,[4] como corolário da noção de República, o princípio da segurança jurídica pressupõe a estabilidade das relações jurídicas,

---

2. ÁVILA, Humberto. *Teoria dos princípios*: Da definição à aplicação dos princípios jurídicos. São Paulo: Malheiros, 2010. p. 34-35.
3. DERZI, Misabel Abreu Machado. *Modificações da jurisprudência*: proteção da confiança, boa-fé objetiva e irretroatividade como limitações constitucionais ao poder judicial de tributar. São Paulo: Noeses, 2009.
4. BARRETO, Paulo Ayres. *Planejamento tributário*: limites normativos. São Paulo: Noeses, 2016, p. 82.

a previsibilidade da ação estatal, a possibilidade de planejar ações futuras e a garantia da não surpresa.

Humberto Ávila[5] observa três estados que compõem o aspecto material da segurança jurídica, quais sejam: *(i) cognoscibilidade*; *(ii)confiabilidade*; e *(iii) calculabilidade*. A cognoscibilidade é a capacidade que o contribuinte possui para ter acesso material e intelectual ao conceito normativo, mesmo sabendo que esses conceitos possuem alguma medida de conteúdo indeterminado. A confiabilidade consiste na estabilidade e continuidade da norma. E por último a calculabilidade que segundo o autor é a capacidade de prever as consequências jurídicas atribuíveis a atos ou fatos.

Ressalta-se que a segurança jurídica está intrinsecamente ligada à proteção dos direitos fundamentais do indivíduo, e a aplicação do direito tributário deve ser pautada nos princípios constitucionais, como a legalidade, igualdade, capacidade contributiva e da vedação do confisco. São esses princípios basilares para assegurar que as normas tributárias sejam aplicadas de forma justa, evitando arbitrariedades e violações aos direitos fundamentais dos contribuintes.

Conforme os ensinamentos do professor Paulo de Barros Carvalho,[6] a segurança jurídica é um valor essencial para o Estado de Direito e deve ser preservada no âmbito do direito tributário, e é alcançada por meio da observância do princípio da legalidade. Isso significa que a atuação dos órgãos estatais, incluindo a administração tributária e o Poder Judiciário, deve estar segundo as leis estabelecidas. Ele ressalta que as normas tributárias devem ser claras, estáveis e aplicadas de forma consistente ao longo do tempo, evitando mudanças abruptas ou retroativas que possam gerar insegurança e prejuízos aos contribuintes.

Ainda conforme o professor Paulo,[7] a segurança jurídica em matéria tributária é um *subprincípio*. Em síntese, o *subprincípio* realizaria a intersecção entre todos os princípios presentes na Constituição, já que a função da segurança jurídica é justamente garantir a harmonia entre a valoração destes.

Outro aspecto relevante, segundo o professor Paulo, é a importância da interpretação das normas tributárias conforme a Constituição da República, uma vez que a segurança jurídica é fortalecida quando há uma interpretação constitucionalmente adequada das normas tributárias, garantindo que os princípios fundamentais, como o princípio da capacidade contributiva e da igualdade, sejam respeitados.

---

5. ÁVILA, Humberto. *Segurança jurídica*. Entre permanência, mudança e realização no direito tributário. São Paulo: Malheiros, 2011, p. 250-256.
6. CARVALHO. Paulo de Barros. O princípio da segurança jurídica em matéria tributária. *Revista da Faculdade de Direito da Universidade de São Paulo*, p. 175.
7. Ibidem.

Constata-se a certeza da segurança jurídica na leitura do artigo 5º, em seu inciso XXXVI da Constituição da República de 1988, sendo ela um princípio implícito, no *caput* do artigo 5º, como direito fundamental, dividindo-se em dois critérios, objetivos e subjetivos, sendo o primeiro a manutenção da estabilidade e o segundo a garantia da confiança, tendo como principal objeto a manutenção da certeza para o cidadão.

Diante disso, é importante destacar a relevância da coerência na interpretação e aplicação do direito tributário, uma vez que a segurança jurídica é comprometida quando há decisões contraditórias ou interpretações divergentes sobre a mesma questão, sendo, portanto, imprescindível a busca pela coerência nas decisões judiciais e administrativas.

1.2   Excepcional interesse social

O excepcional interesse social, previsto no artigo 27, da Lei 9.868/99, consiste em um dos elementos que permite a modulação de efeitos das decisões pelo STF, com prévia aprovação de dois terços de seus membros. Diante disso, abordaremos a constante dúvida referente à delimitação ou abrangência dessa expressão que enseja um conceito jurídico indeterminado.

De acordo com Regina Ferrari,[8] a noção de interesse social não alberga uma noção propriamente jurídica, pois determinar o seu conteúdo não é tarefa fácil, como algo que se imponha naturalmente. A autora continua abordagem do tema afirmando que:

> Quando se fala em excepcional interesse social se está frente a uma apreciação de natureza política, ou seja, um exame valorativo embasado, até certo ponto na conveniência ou oportunidade. No dizer de Manoel Gonçalves Ferreira Filho: 'é uma apreciação tipicamente política. É subjetiva, porque admitir que haja razões de segurança jurídica, ou interesse social, qualificado de excepcional, depende da visão que cada um tenha das coisas'.

O excepcional interesse social refere-se a uma situação em que determinada medida ou decisão, que possa contrariar normas estabelecidas, é justificada em virtude de um benefício social extraordinário que dela possa decorrer.

Na aplicação do elemento "excepcional interesse social", deve-se considerar os impactos sociais, econômicos e políticos da medida, bem como as expectativas e necessidades da sociedade, buscando responder a perguntas como: quais são as consequências imediatas e futuras da medida? Qual é a magnitude do benefício

---

8.   FERRARI, Regina Maria Macedo Nery. *Efeitos da Declaração de Inconstitucionalidade*. São Paulo: Ed. RT, 2004, p. 311.

social extraordinário que justifica a flexibilização das normas? Existem alternativas menos invasivas para atingir esse objetivo?

Isso permitirá que o intérprete avalie a efetividade e a justa medida adotada em relação ao excepcional interesse social, levando em consideração não apenas as normas estabelecidas, mas também a realidade social em que a decisão será aplicada.

2. MODULAÇÃO E O ARGUMENTO DO IMPACTO ORÇAMENTÁRIO NAS DECISÕES DO STF EM MATÉRIA TRIBUTÁRIA

O sistema jurídico é formado por normas, que, em sua maioria, resultam da interpretação de textos do direito positivo. Com o direito tributário não é diferente, pois a norma jurídica é construída pelo intérprete a partir do art. 150, I, da Constituição da República, que dispõe dos elementos essenciais do fato juridicamente expressivo para fins tributários e da correspondente obrigação tributária.

Como se sabe, o dever de pagar tributos não advém somente da lei em si (como texto), mas também da interpretação dada, ou seja, da norma jurídica tributária. Embora a lei seja essencial para fundamentar uma imposição fiscal, ela por si só não é suficiente; o que faz, efetivamente, é a norma jurídica, fruto da interpretação dos artigos, parágrafos e incisos dos textos legais.

A interpretação é uma habilidade intrínseca à natureza humana. No entanto, no presente trabalho vamos direcionar atenção para a interpretação proveniente de uma "fonte normativa" específica, reconhecida pelo direito, sendo o Poder Judiciário, mais especificamente os tribunais superiores.

Os tribunais superiores são detentores do poder de dar a última palavra sobre o direito infraconstitucional (STJ) e constitucional, (STF). E a partir dessa competência, de interpretar normas, acabam também criando-as, a partir da delimitação dos contornos do direito, a ponto de modificar o sistema jurídico. Essa atividade "de criar" do juiz é pressuposta pela própria jurisdição. Diante disso, nos últimos anos essa atividade dos tribunais vem chamando mais atenção, principalmente em razão da modulação dos efeitos das decisões, instituto ainda novo no Brasil, que possibilita que os tribunais superiores possam alterar o momento relativo à eficácia da carga normativa de suas decisões.

No Brasil, a regra é que quando uma norma é declarada inconstitucional, os efeitos dessa decisão sejam retroativos, *ex tunc*, ou seja, os efeitos dessa declaração retroagem à época da origem dos fatos a ele relacionados, fazendo com que todos os atos jurídicos praticados com base na norma inconstitucional sejam nulos de pleno direito. A anulação ocorre quando uma regra, embora exista, é inválida devido a uma falha relacionada aos elementos do ato, ao cumprimento das características necessárias ou aos critérios estabelecidos pela lei para eles. Além disso, essa anulação resultará na falta de resultados.

Desta forma, a norma para ser válida tem que preencher requisitos básicos, tais como: elemento, atributo, forma e objeto. Diferentemente, a norma inconstitucional é uma norma inválida, por desconformidade com o regramento superior, por não atender os requisitos impostos pela Constituição.

No entanto, quando ocorre a modulação dos efeitos, a norma que foi considerada inconstitucional perde os efeitos retroativos (*ex tunc*), ou seja, não retroage à época em que entrou em vigor, passando a ter efeitos apenas a partir desse momento (*ex nunc*). Os efeitos *ex nunc*, ao contrário do efeito *ex tunc*, não têm impacto retroativo até a data original em que a norma inconstitucional começou a produzir seus efeitos. Isso significa que os atos realizados com base na norma inconstitucional passam a ser considerados inválidos somente a partir do momento em que o guardião da Constituição emite sua decisão de inconstitucionalidade.

A modulação, como falado em tópico introdutório, está prevista na lei 9.868 de 1999, e possibilita aos Tribunais Superiores modularem os efeitos das decisões que declaram a inconstitucionalidade da norma, em toda ou em parte, desde que preenchido alguns requisitos. Referido instituto previsto no art. 27 da lei permite os tribunais tomem algumas medidas, conforme Lênio Streck,[9] como "restringir os efeitos da declaração de inconstitucionalidade ou decidir que ela só tenha eficácia a partir do seu trânsito em julgado ou de outro momento que venha a ser fixado". Ainda conforme o autor:

> A depender do caso, a ser tratado, estar-se-á diante de uma espécie de "inconstitucionalidade por tempo certo" ou "inconstitucionalidade interrompida", de modo a quebrar a antiga tradição da atribuição de efeito "*ex tunc*" às decisões advindas do controle concentrado. Se o instituto for utilizado discricionariamente/arbitrariamente, de modo a desrespeitar o "excepcional interesse social" e a "segurança jurídica", poderá acarretar (como acarreta, de fato) uma série de problemas.

Destarte, embora o direito tributário tenha como base a legalidade, isso não o impede de ser flexível o suficiente para se adaptar a mudanças das circunstâncias sociais, econômicas e políticas. Nesse sentido, a modulação dos efeitos das decisões em matéria tributária surge como uma forma de equilibrar a segurança jurídica ao ter a necessidade de atualização e ajustes no sistema.

Diante disso, faz-se importante o estudo da modulação dos efeitos das decisões do Supremo Tribunal Federal (STF) e a interpretação dada ao princípio da segurança jurídica em matéria tributária, pois ultimamente o Supremo vem levando em consideração o argumento do impacto orçamentário, tendo despon-

---

9. STRECK, Lenio Luiz. *Jurisdição constitucional*. 5. ed. Rio de Janeiro: Forense, 2018. p. 193.

tado uma relevante discussão no contexto do sistema jurídico, especialmente por envolver situações que geralmente geram impactos financeiros significativos para União e um favoritismo pela proteção dos interesses do Estado em detrimento dos direitos fundamentais do contribuinte.

Nesse sentido, a modulação tem sido utilizada para controlar os efeitos retroativos ou futuros de uma decisão, buscando mitigar os impactos financeiros que poderiam ser prejudiciais ao Estado.

Nas palavras de Hugo de Brito Machado Segundo[10] a modulação ocorre:

> Não porque se trate de algo que só possa ocorrer perante questões envolvendo o Estado", mas porque, nas relações em que o Estado é parte, é mais frequente o surgimento de situações nas quais a atribuição de efeitos prospectivos a uma decisão funciona como um meio indireto de minimizar a própria eficácia do controle jurisdicional dos atos do poder executivo.

Até pelo fato de o Estado possuir responsabilidades de fornecer serviços públicos essenciais à população, como saúde, educação, segurança, entre outros, uma demanda judicial que convalide uma decisão judicial que imponha uma restituição ou uma diminuição de receitas tributárias pode comprometer a capacidade do Estado de cumprir com essas obrigações.

A função da modulação dos efeitos das decisões consiste na possibilidade de o Poder Judiciário estabelecer prazos ou condições para que os efeitos da decisão judicial em matéria tributária produzam efeitos retroativos ou *"pro futuros"*, prospectivos, podendo ocorrer em diversas situações, como, por exemplo: mudança de entendimento jurisprudencial: caso o tribunal altere sua interpretação sobre determinada matéria tributária, poderá ser decidido que os novos entendimentos só serão aplicados a partir da data da decisão, evitando assim a revisão retroativa de atos e fatos praticados sob a vigência do entendimento anterior.

Na inconstitucionalidade de norma tributária, quando uma norma tributária é declarada inconstitucional pelo Poder Judiciário, pode ser estabelecido um prazo para que essa declaração de inconstitucionalidade produza efeitos, permitindo que o legislador tenha tempo para promover a adequação da norma; e violação de princípios constitucionais; situações excepcionais, nos casos em que a retroatividade da decisão judicial possa gerar grave insegurança jurídica ou prejudicar a ordem econômica.

Nesse contexto, o STF vem acolhendo o argumento do impacto orçamentário como um critério para modular os efeitos de suas decisões. Isso ocorre quando há a possibilidade de uma determinada decisão a favor do contribuinte possa gerar

---

10. SEGUNDO, H. d. B. M. (2020). *Poder público e litigiosidade* [Kindle Android version]. Retrieved from Amazon.com. p. 126.

desequilíbrios financeiros graves, comprometendo o funcionamento dos serviços públicos essenciais, objetivando buscar um equilíbrio entre a segurança jurídica, a justiça fiscal e a manutenção da estabilidade das finanças públicas.

Porém, é importante ressaltar que o argumento do impacto orçamentário deve ser utilizado com cautela e de forma fundamentada, devendo a Suprema Corte avaliar os dois requisitos previstos na Lei 9.868/1999, que são as razões para a modulação, quais sejam, segurança jurídica ou de excepcional interesse social, sendo necessário a colheita de dados concretos, das informações e argumentos apresentados pelo Estado, garantindo que não haja apenas a alegação genérica de impactos aos cofres públicos, por parte da Fazenda Pública, para que assim seja evitado situações de abusos ou desvios na utilização desse argumento que fragilizam a própria segurança jurídica, razão de ser da modulação.

Conforme o professor Hugo Segundo:[11]

> o argumento ligado ao equilíbrio das contas públicas e a um possível "rombo" nessas contas que decorreria do dever de restituir, embora aparentemente plausíveis, levaria à chamada inconstitucionalidade eficaz: mesmo sabendo da proibição Constituição à instituição e à cobrança do tributo naquelas circunstâncias, o Poder Público o instituiria e o arrecadaria sem problema algum. Se e quando o Judiciário reconhecesse a vedação, seria o caso apenas de deixar de cobrá-lo, ou mesmo de substitui-lo por outro, portador de inconstitucionalidade diferente, e começar tudo de novo.

Além disso, a modulação dos efeitos não pode ser utilizada como uma ferramenta a favor da Fazenda Pública para perpetuar situações de inconstitucionalidade ou violações aos direitos dos contribuintes, pois só deve ser utilizada em julgados pontuais, em que a decisão poderá gerar alguma insegurança jurídica, seja insegurança em relação aos direitos do contribuinte ou em relação à própria estrutura do Estado, quando comprovada nos autos.

Para Lênio Streck[12] "é possível verificar que, no próprio nascedouro da doutrina da nulidade das leis inconstitucionais, acabou-se por implantar a modulação dos efeitos", exatamente visando garantir direitos e impedir a violação de direitos com aplicações de efeitos retroativos, por completa quebra de presunção de constitucionalidade após a declaração de inconstitucionalidade.

Ou seja, a modulação tem como objeto a promoção do Estado Democrático de Direito e garantir direitos fundamentais do contribuinte (principalmente quando se trata de matéria tributária), o que é contrário à sua utilização de forma discricionária para definir os efeitos da declaração de inconstitucionalidade.

---

11. SEGUNDO, H. d. B. M. (2020). *Poder público e litigiosidade* [Kindle Android version]. Retrieved from Amazon.com.
12. STRECK, Lenio Luiz. *Jurisdição constitucional*. 5. ed. Rio de Janeiro: Forense, 2018. p. 193.

Para modular os efeitos das decisões, o STF deve ter como objetivo a busca pelo equilíbrio, a segurança jurídica e a estabilidade do sistema jurídico, devendo utilizá-la de forma moderada, transparente e respeitando os princípios constitucionais vigentes, garantindo o equilíbrio entre os interesses dos contribuintes e as necessidades da administração pública.

2.1 Recurso Extraordinário 574.706/PR e a modulação dos efeitos com base no argumento do impacto orçamentário

Humberto Ávila[13] explica que a regra é que a Suprema Corte se utilize dos efeitos *ex tunc* às decisões proferidas, porém, a exceção da modulação dos efeitos decorre da necessidade de aplicação do princípio da segurança jurídica. Ou seja, a modulação dos efeitos da decisão determina a data de início de eficácia da declaração de inconstitucionalidade da norma.

Nas questões envolvendo litígios tributários observa-se a existência dos princípios da liberdade e do patrimônio do cidadão, em favor do contribuinte, e o princípio da competência arrecadatória, em favor do Fisco. Justamente por conta disso, os Entes federativos acabam por requerendo que a Suprema Corte module os efeitos das decisões que envolvem vultosas quantias, pretendendo-se defender o princípio constitucional da competência para a cobrança de créditos tributários, em face da segurança jurídica, bem como a possibilidade de não criar grandes prejuízos em suas contas.

Quando o Supremo Tribunal declara a (in)constitucionalidade de uma norma, a regra é que essa declaração tenha efeitos *ex tunc,* uma vez que se adotou a teoria da nulidade e os preceitos de ato nulo. No entanto, os efeitos *ex nunc*, como se sabe, foram inseridos na legislação brasileira por meio da promulgação do art. 27 da Lei 9.868/99. O que concede à Corte Superior definir se declaração de inconstitucionalidade terá seus efeitos somente após a publicação do acórdão ou da data do próprio julgamento.

Sobre o tema, remete-se ao RE 556.664-1/RS[14] em que se discutia a natureza tributária das contribuições para a seguridade social, em que se declarou a inconstitucionalidade dos artigos 45 e 46 da Lei 8.212/91 e parágrafo único do art. 5º do Decreto-lei 1.569/77. No julgado, se entendeu pela legitimidade dos recolhimentos efetuados nos prazos previstos nos arts. 45 e 46 da Lei 8.212/91 e não impugnados antes da data de conclusão deste julgamento, aplicando expressamente os efeitos *ex nunc,* esclarecendo ainda que a modulação dos efeitos aplicar-se-ia tão

---

13. ÁVILA, Humberto. *Segurança Jurídica*: Entre permanência, mudança e realização no Direito Tributário. São Paulo: Malheiros, 2011, p. 496-497.
14. BRASIL. Supremo Tribunal Federal. Recurso Extraordinário 556.664-1/RS. Min. Rel. Gilmar mendes. Julgado em 12.06.2008. D.J. 14.11.2008.

somente em relação a eventuais repetições de indébitos ajuizadas após a decisão assentada na sessão do dia 11/06/2008, não abrangendo, os questionamentos e os processos já em curso.

Outro efeito referente à modulação, são os efeitos temporais prospectivos – pro futuro. Em que a declaração de inconstitucionalidade começa a valer em data futura da decisão, ou seja, da data da decisão ou de publicação da ata, podendo ser observado pela Corte, o melhor momento para validade da inconstitucionalidade da norma, a fim de que possa garantir os princípios previstos na Constituição.

Nesse sentido, é impossível não tratar das decisões proferidas pela Corte Superior com importante repercussão em matéria tributária, uma vez que a prolação de decisão sobre temas relevantes é de extrema importância, motivos pelo qual analisar-se-á nos próximos parágrafos uma das decisões importantes em matéria tributária que se utilizaram do instituto da modulação dos efeitos e compreender a motivação dos pedidos de modulação e motivos de aplicação.

O Recurso Extraordinário 574.706/PR – trata da especificação dos valores de ICMS a serem excluídos da base de PIS/Cofins e sua fixação temporal.

Tratou-se da (in)constitucionalidade da inclusão do ICMS na base de cálculo da contribuição para o PIS e da COFINS, que ficou conhecida como "Tese do Século" sendo julgada no mérito no ano de 2017, em que o Supremo decidiu pela inconstitucionalidade da inclusão do ICMS na base de cálculo da contribuição para o PIS e da COFINS, sob fundamento de que os valores correspondentes ao tributo não compõem a definição de faturamento para aquela finalidade.

Conforme o voto condutor do acórdão, após traçar longo histórico da legislação e da jurisprudência atinentes à matéria, assentou a impossibilidade de inclusão do ICMS na base de cálculo das contribuições, sob fundamento de que (i) o imposto não guarda relação com a definição constitucional de faturamento; (ii) sua inclusão representaria afronta aos princípios da isonomia tributária e da capacidade contributiva; e (iii) haveria lesão ao previsto no art. 154-I da Constituição.

No entanto, a União entrou com embargos de declaração contra julgado do Plenário do Supremo Tribunal Federal, no recurso extraordinário com repercussão geral 574.706.[15] A procuradoria suscitou contradições, obscuridades, erro material e omissão no julgado, bem como requereu a modulação dos efeitos da decisão para que seus efeitos fossem produzidos "efeitos gerais, após o julgamento dos Embargos de Declaração e da definição de todas as questões pendentes, expostas", evitando-se, com base nos princípios da isonomia e da capacidade contributiva, alegada nociva "reforma tributária com efeitos retroativos".

---

15. BRASIL. Supremo Tribunal Federal. Recurso Extraordinário 574.706. Min(a). Rel(a). Cármen Lúcia. Julgado em 13.05.2021. D.J. 20.09.2021.

Para fundamentar o pedido, a Fazenda apontou matéria jornalística publicada no Valor Econômico sobre as consequências do julgamento, em que se teria divulgado que a:

> decisão, nos termos em que foi proferida, (i) atinge profundamente o sistema tributário brasileiro, podendo alcançar um sem número de tributos; (ii) provocará uma mudança dos preços relativos da economia (beneficiando os maiores contribuintes do ICMS); (iii) impõe uma reforma tributária (sem garantias que se crie um sistema melhor que o sistema atual, mas aquele que for possível); (iv) possibilita restituições que implicarão em vultosas transferências de riqueza dentro da sociedade.

Argumentou também pelo grave impacto da decisão no equilíbrio orçamentário e financeiro dos Estados, bem como assinalou pelos "riscos fiscais para o ano de 2015, exclusivamente no que diz respeito à incidência do ICMS na base de cálculo do PIS e da COFINS, excluído, portanto, o potencial da tese adotada impactar em outras controvérsias.[16] A Relatora, Ministra Cármen Lúcia, entendeu pelo afastamento da ocorrência de omissão, contradição ou obscuridade no acórdão embargado, no entanto, entendeu pela necessidade de modular os efeitos da decisão.

Conforme a decisão da Relatora, acolheu-se, em parte, os embargos de declaração, para modular os efeitos do julgado cuja produção haveria de se dar desde 15.3.2017, data em que foi julgado este recurso extraordinário 574.706 e fixada a tese com repercussão geral: "O ICMS não compõe a base de cálculo para fins de incidência do PIS e da COFINS", ressalvadas as ações judiciais e administrativas protocoladas até a data da sessão em que proferido o julgamento de mérito.

Os argumentos postos pelo voto da Ministra Relatora, se fundamentaram, primordialmente, acerca da segurança jurídica. Pois conforme a ministra, referido princípio, seria ferido pela alteração jurisprudencial que aconteceu naquela Corte, uma vez que o Superior Tribunal de Justiça tinha entendimento firmado por meio de Súmula acerca da inclusão do ICMS na base de cálculo da contribuição para o PIS e da COFINS.

Acompanhou a Relatora o Min. Nunes Marques, segundo o Ministro, "a medida, portanto, deve ser parcimoniosa e ponderada, especialmente quando envolvida controvérsia de natureza tributária, em que interesses tão díspares são colocados em contraste". Não podendo limitar sua aplicação a eventual impacto orçamentário, mas apenas quando configurada situação que desestabilize a própria estrutura estatal. Também acompanhou a relatora na parte do voto da modulação dos efeitos o Ministro Alexandre de Morais, argumentando que:

---

16. Conforme a Fazenda, para as possíveis restituições: R$ 250.294,05 milhões, até 2015. Tais números, no que tange às perdas, se repetiram na LDO de 2017, chegou aos seguintes valores com base em informações da Receita Federal do Brasil.

Tal fenômeno ensejaria indesejados impactos financeiros, além de dificuldades para o planejamento orçamentário federal, tendo em vista a impossibilidade de apurar-se a priori os valores que se tornariam exigíveis por ano fiscal, uma vez que a determinação desse montante estaria dependente da conclusão dos processos judiciais nas instâncias ordinárias.

Acompanharam o voto da Relatora os Ministros Roberto Barroso, Dias Toffoli, Ricardo Lewandowski, Gilmar Mendes, e Luiz Fux. Em sentido contrário votaram os ministros Edson Fachin, Marco Aurélio, e a Ministra Rosa Weber. Conforme o voto vencido do Ministro Marco Aurélio:[17]

modulação não se coaduna com processo subjetivo. De duas, uma: ou aquele que recorreu ao Judiciário tem ganho de causa e concretude quanto ao ganho de causa, considerada a decisão proferida, ou não tem, e simplesmente é vencido na demanda. Mas não dá para, julgando-se o recurso extraordinário, simplesmente dizer que, muito embora o recorrente tenha direito ao que sustentado nas razões, esse direito é reconhecido, mas sem concretude, porque se modula a decisão, e ela só vigora daqui para a frente, pouco importando que tenha ingressado no Judiciário a tempo e modo.

Conforme a ministra Rosa Weber, o argumento consequencialista da Fazenda Pública não é motivo suficiente para a aplicação do instituto da modulação, que necessita de interesse social maior para utilização. Na mesma linha foi o voto do Ministro Edson Fachin de que o argumento orçamentário "não enseja a necessidade de modulação para manter a segurança jurídica do ordenamento, bem como não houve mudança repentina de entendimento do Supremo, além da modulação não ser o caminho para garantir o equilíbrio orçamentário da União".

Observa-se, que o tema apresentou divergências entre os ministros, no entanto, prevaleceu o argumento em prol da Fazenda pública, com base em uma segurança jurídica que se fundamenta no princípio da competência arrecadatória, em favor do Fisco, no entanto, a mera argumentação financeira não pode ser motivo suficiente para a aplicação do instituto, até por que não há ligação entre o princípio, ou subprincípio da segurança jurídica, conforme leciona o professor Paulo de Barros Carvalho, e a segurança financeira pleiteada pelo Estado.

Nas sábias palavras do Professor Hugo de Brito Machado,[18] "a segurança jurídica presta-se como instrumento para preservar a justiça e a segurança é algo essencial ao Direito," em outras palavras, sistema normativo que não tende a preservar a justiça, e a segurança jurídica, efetivamente, não é Direito.

Uma decisão que não dá ao contribuinte a concretude do seu direito, vai contra a própria razão de ser do princípio da segurança jurídica, princípio esse basilar de um estado democrático de direito. A modulação dos efeitos da decisão

---

17. Ibidem.
18. MACHADO, Hugo de Brito. *Os princípios da tributação na Constituição de 1988*. 6. ed. São Paulo: Malheiros, 2019, p. 129.

só se justifica em situações nas quais os efeitos da declaração acarretem uma mudança brusca a ponto de romper com o estado de segurança jurídica consolidado, que gerou estabilidade e previsibilidade no comportamento dos atores sociais e jurisdicionais, o que não foi o caso do RE em referência.

Nesse contexto, observa-se que a Suprema Corte não tem observado características essenciais para o Direito, sendo as regras de interpretação estabelecidas ou o respeito a princípios específicos da Constituição, uma vez que a interpretação deve levar em consideração as particularidades normativas ou principiológicas envolvidas.

3. CONSIDERAÇÕES FINAIS

Após a análise do tema aqui estudado, embora o conteúdo mereça ainda muita reflexão, podemos concluir que direito positivo é construído a partir de uma teia de conexões entre seus diversos elementos, onde as normas e princípios constitucionais são a base para a criação e interpretação das normas jurídicas.

No contexto da segurança jurídica, tanto a segurança jurídica quanto o excepcional interesse social são conceitos jurídicos indeterminados. A segurança jurídica é um princípio implícito que visa proteger os atos jurídicos perfeitos e a coisa julgada, praticados sob a vigência de normas declaradas inconstitucionais. Já o excepcional interesse social está relacionado à vontade coletiva, sendo importante ressaltar que se refere aos interesses gerais da sociedade, não aos interesses da Administração Pública.

Diante disso, é possível que o judiciário adote a modulação de efeitos, conforme a legislação que regula o controle de constitucionalidade. A modulação permite ajustar os efeitos de uma decisão, considerando aspecto como a segurança jurídica e o excepcional interesse social.

Assim, a segurança jurídica e o excepcional interesse social são elementos que se entrelaçam no contexto jurídico, proporcionando a construção de um sistema normativo coerente, que busca garantir a estabilidade das relações jurídicas e considerar os interesses da sociedade. A modulação de efeitos é uma ferramenta que pode ser utilizada para equilibrar esses princípios e valores em situações excepcionais, e não pode ser banalizada, pois estaria fugindo ao propósito de sua criação que é a segurança jurídica das relações e dos direitos fundamentais garantidos na constituição.

No entanto, observa-se que a Suprema Corte tem adotado uma abordagem diferente em relação à modulação dos efeitos nas questões tributárias. Essa abordagem é baseada no argumento de que a não aplicação da modulação pode causar danos irreparáveis ao Estado, o que levanta dúvidas sobre a própria estabilidade do sistema jurídico. Isso ocorre quando há uma interpretação equivocada dos elementos de segurança jurídica e excepcional interesse social, sendo o mecanismo utilizado para preservar os recursos públicos diante de significativos déficits orçamentários.

Uma preocupação adicional que tem recebido bastante atenção é a falta de transparência nos critérios utilizados pelo Tribunal Constitucional em relação ao uso da modulação temporal em suas decisões. Em algumas situações, o tribunal segue os critérios estabelecidos pela lei, enquanto em outras ocasiões, isso não ocorre. Isso levanta a necessidade de a Suprema Corte adotar diretrizes mais objetivas a fim de evitar deixar a sociedade vulnerável a decisões que parecem variar conforme o contexto político atual e a composição do tribunal.

REFERÊNCIAS

ÁVILA, Humberto. *Teoria dos princípios*: Da definição à aplicação dos princípios jurídicos. São Paulo: Malheiros, 2010.

ÁVILA, Humberto. *Segurança Jurídica*: Entre permanência, mudança e realização no Direito Tributário. São Paulo: Malheiros, 2011.

BRASIL. Supremo Tribunal Federal. Recurso Extraordinário 556.664-1/RS. Min. Rel. Gilmar Mendes. Julgado em 12.06.2008. D.J. 14.11.2008.

BARRETO, Paulo Ayres. *Planejamento tributário*: limites normativos. São Paulo: Noeses, 2016.

CARVALHO, Paulo de Barros. *Direito tributário, linguagem e método*. 8. ed. São Paulo: Noeses, 2021.

CARVALHO, Paulo de Barros. O princípio da segurança jurídica em matéria tributária. *Revista da Faculdade de Direito da Universidade de São Paulo* .

CARVALHO, Paulo de Barros. Poesia e o Direito – O legislador como poeta: Anotações ao pensamento de Flusser. In: HARET, Florance. CARNEIRO, Jerson (Coord.). *Vilém Flusser e juristas*: comemoração dos 25 anos do grupo de estudos Paulo de Barros Carvalho. São Paulo: Noeses, 2009.

CARVALHO, Aurora Tomazini de. *Teoria Geral do Direito* (O Construtivismo Lógico Semântico). Tese de Doutorado – Faculdade de Direito da Pontifícia Universidade Católica de São Paulo, 2009.

CARVALHO, Aurora Tomazini de. *Teoria da norma tributária*. 5. ed. São Paulo: Quartier Latin .

DERZI, Misabel Abreu Machado. *Modificações da jurisprudência*: proteção da confiança, boa-fé objetiva e irretroatividade como limitações constitucionais ao poder judicial de tributar. São Paulo: Noeses, 2009.

FERRARI, Regina Maria Macedo Nery. *Efeitos da Declaração de Inconstitucionalidade*. São Paulo: Ed. RT, 2004.

MACHADO, Hugo de Brito. *Os princípios da tributação na Constituição de 1988*. 6. ed. São Paulo. Malheiros, 2019.

MOUSSALLEM, Tarek Moysés. *Fontes no direito tributário*. 2. ed. São Paulo: Noeses, 2006.

PACOBAHYBA, Fernanda Mara de Oliveira Macedo Carneiro. *Constructivismo lógico-semantico, entre passado e o futuro*: movimentos da hermenêutica jurídico-tributária brasileira. São Paulo: Noeses, 2019.

SEGUNDO, H. d. B. M. *Poder público e litigiosidade* [Kindle Android version]. Retrieved from Amazon.com. 2020.

STRECK, Lenio Luiz. *Jurisdição constitucional*. 5. ed. Rio de Janeiro: Forense, 2018.

Capítulo 2
O PAPEL DO TRIBUTO COMO FERRAMENTA ESTATAL NA PROTEÇÃO AMBIENTAL: APONTAMENTOS ACERCA DA REFORMA TRIBUTÁRIA (DISCUSSÕES NO BOJO DA PEC 45/2019, TRANSFORMADA NA EC 132/2023)

Danielle de Almeida Rocha

Bacharela em Direito (2013.1) e Mestranda em Direito no Programa de Pós-Graduação da Universidade Federal do Ceará (PPGD-UFC) (2023.1). Bolsista da Fundação Cearense de Apoio ao Desenvolvimento Científico e Tecnológico (FUNCAP). Membro da Comissão de Direito Tributário da OAB/CE (Triênio 2022-2024). Advogada tributarista. E-mail: daniellealmeidarocha@gmail.com.

Sumário: Introdução – 1. Necessidade de preservação do meio ambiente: direito ao meio ambiente saudável como direito fundamental – 2. O tributo como instrumento da ação estatal – 3. A inclusão do critério ambiental na Reforma Tributária Brasileira (EC 132/2023) – 4. A degradação e a preservação ambiental para a (des)oneração tributária: a função extrafiscal dos tributos – 5. Considerações finais – Referências.

INTRODUÇÃO

O tributo é um meio eficaz para a proteção ambiental. Todavia, enquanto meio, precisa ser bem gerido para poder alcançar o fim almejado. E também por ser meio, o tributo tanto pode atuar numa perspectiva positiva ao meio ambiente, estimulando ou premiando os contribuintes que prezem pela preservação ambiental, como também pode agir numa perspectiva negativa, onerando ainda mais o processo, a instalação e a manutenção das energias limpas quanto desonerando condutas que promovam a degradação ambiental.

Como explana Carlos Eduardo Peralta Montero:[1]

Através do Direito, deverão ser estimuladas/orientadas condutas e atividades que respeitem a sustentabilidade ambiental, e desencorajadas aquelas que não respeitem essa sustentabilidade. As normas jurídicas devem abrigar os valores e os instrumentos que permitam reeducar

---

1. MONTERO, Carlos Eduardo Peralta. *Tributação ambiental*: reflexões sobre a introdução da variável ambiental no sistema tributário. São Paulo: Saraiva, 2014. p. 30.

e transformar a sociedade, visando a sustentabilidade. O Direito deverá, essencialmente, ter uma função promocional.

Ao tratar da tutela ambiental se está diante de um bem, aliás o mais importante valor da Humanidade, a qual é a vida humana, regida por uma lei permanente e global. A legislação que visa proteger os bens naturais tem que se amoldar a essa peculiaridade. Esse entendimento foi previsto em 1987 no Relatório de Brundtland:[2]

> As leis humanas têm de ser reformuladas para que as atividades humanas continuem em harmonia com as leis imutáveis e universais da Natureza" (*Relatório Nosso Futuro Comum*, de 1987).

Nesse cenário, os denominados instrumentos econômicos para a preservação ambiental se mostram como uma oportunidade que sugere caminhos, ora de mercado, ora de intervenção estatal, sempre a exigir do Direito as respectivas diretrizes, e como acentua Cristiane Derani, a natureza é o primeiro valor da economia, é a primeira apropriação, base de qualquer transformação.[3]

Assim, especificamente em se tratando do Direito Tributário, que por natureza se legitima pela captação coativa de recursos, com o propósito de otimizar o equilíbrio orçamentário, fiscal e ambiental, temos uma seara do Direito que pode muito bem contribuir para a proteção ambiental. O Direito Tributário amplia seu foco para dar diretrizes à sustentabilidade financeira, que deverá atuar em prol da sustentabilidade ambiental com a urgência que o caso requer.[4]

No presente trabalho, buscar-se-á analisar em que medida e em que tributos a emenda constitucional, que faz a Reforma Tributária (EC 132/2023), promulgada em dezembro do ano de 2023,[5] fortalecerá os mecanismos para proteção ambiental no Brasil.

1. NECESSIDADE DE PRESERVAÇÃO DO MEIO AMBIENTE: DIREITO AO MEIO AMBIENTE SAUDÁVEL COMO DIREITO FUNDAMENTAL

O progressivo movimento na proteção do meio ambiente é um assunto que cresce na procura de métodos inovadores de preservação e de combate aos danos causados pelo próprio homem em seu *habitat*. O bem-estar geral deve ter

---

2. COMISSÃO MUNDIAL SOBRE MEIO AMBIENTE E DESENVOLVIMENTO. Relatório Nosso Futuro Comum. 2. ed. São Paulo: Editora da Fundação Getúlio Vargas, 1991. p. 369.
3. DERANI, Cristiane. *Direito ambiental econômico*. 3. ed. São Paulo: Saraiva, 2008. p. 101.
4. GRUPENMACHER, Betina Treiger; CAVALCANTE, Denise Lucena; RIBEIRO, Maria de Fátima; QUEIROZ, Mary Elbe. Novos horizontes da tributação: um diálogo luso-brasileiro. *Cadernos IDEFF Internacional*, Portugal, Edições Almedina, n. 2. p. 97. 2012.
5. Disponível em: https://www.planalto.gov.br/ccivil_03/constituicao/emendas/emc/emc132.htm. Acesso em: 21 fev. 2024.

CAPÍTULO 2 • O PAPEL DO TRIBUTO COMO FERRAMENTA ESTATAL NA PROTEÇÃO AMBIENTAL

como premissa um meio ambiente ecologicamente equilibrado para presentes e as futuras gerações, como diz o art. 225 da Constituição Federal:

> Art. 225. Todos têm direito ao meio ambiente ecologicamente equilibrado, bem de uso comum do povo e essencial à sadia qualidade de vida, impondo-se ao Poder Público e à coletividade o dever de defendê-lo e preservá-lo para as presentes e futuras gerações.

O símbolo do Estado político passa a existir para cumprir papel fundamental, na prática da preservação e do desenvolvimento do meio ambiente, juntamente com toda a sociedade. Está-se diante de um exercício de ofício estatal interessado na obtenção dos meios necessários para o uso comum do povo e essencial à sadia qualidade de vida – o bem-estar do corpo social.

O Estado, munido de soberania, característica inerente a ele, deve agir dentro do seu campo financeiro (orçamento público), por meio de instrumentos adequados para obter certos resultados, ponderando as práticas financeiras por meio da tributação, sem, todavia, onerar os custos com uma progressiva carga fiscal.

Para que a dignidade da pessoa humana seja atingida, de fato, é necessária a convergência dos valores contidos em todas as dimensões dos direitos humanos. Nesse panorama de harmonização de valores, sobressai a importância dos direitos atinentes à titularidade difusa,[6] resultando por conceber o conceito de desenvolvimento sustentável, essencial à atuação econômica do Estado e das entidades privadas.

O direito a um meio ambiente saudável é consequência do próprio direito à sobrevivência humana. O bem-estar da sociedade depende da importância do direito ao meio ambiente saudável. Ainda mais em que o respeito ao meio ambiente é, em último plano, o respeito à própria vida e a sua asseguração é essencial para o gozo dos demais direitos humanos.[7]

---

6. Em deferência, François Ost elucida: "Do local (a 'minha' propriedade, a 'minha' herança) conduz ao global (o patrimônio comum do grupo, da nação, da humanidade); do simples (tal espaço, tal indivíduo, tal facto físico), conduz ao complexo (o ecossistema, a espécie, o ciclo); de um regime jurídico ligado em direitos e obrigações individuais (direitos subjetivos de apropriação e obrigações correspondentes), conduz a um regime que toma em consideração os interesses difusos (os interesses de todos, incluindo os das gerações futuras) e as responsabilidades colectivas; de um estatuto centrado, principalmente, numa repartição-atribuição estática do espaço (regime monofuncional da propriedade), conduz ao reconhecimento da multiplicidade das utilizações de que os espaços e recursos são suscetíveis, o que relativiza, necessariamente, as partilhas de apropriação". OST, François. *A natureza à margem da lei*: a ecologia à prova do direito. Lisboa: Instituto Piaget, 1997, p. 355.
7. Em complemento, Enrique Leff: "A problemática ambiental gerou mudanças globais em sistemas socio-ambientais complexos que afetam as condições de sustentabilidade do planeta, propondo a necessidade de internalizar as bases ecológicas e os princípios jurídicos e sociais para a gestão democrática dos recursos naturais. Estes processos estão intimamente vinculados ao conhecimento das relações socie-dade-natureza: não só estão associados a novos valores, mas a princípios epistemológicos e estratégias conceituais que orientam a construção de uma racionalidade produtiva sobre bases de sustentabilidade ecológica e de equidade social. Desta forma a crise ambiental problematiza os paradigmas estabelecidos

O direito fundamental à proteção do meio ambiente demonstra com nitidez a superação dos ideais individualistas, atributo da sociedade contemporânea, a qual subiu ao status constitucional de vários países, dando ensejo ao desenvolvimento dos denominados "Estados Ambientais", retratados pelo modelo estatal pós-social, que tem, de fato, por fundamento a busca do desenvolvimento sustentável.

No entanto, essa importância que hoje se dá à preservação ambiental esconde um escopo não tão nobre assim, veja as palavras da autora Lise Vieira da Costa Tupiassu:[8]

> Infelizmente, este reconhecimento da importância do bem ambiental vem como consequência do acirramento de seu processo de destruição. A economia capitalista passa a se preocupar com o meio ambiente na medida em que sem os recursos por ele fornecidos a sua própria sobrevivência fica comprometida.

Há no trato da tutela ambiental, enquanto garantia fundamental, uma propensão à cooperação entre entes distintos – Poder Público e coletividade – de convergirem para um rumo bem desejado, para se atingir uma melhor qualidade de vida das pessoas. Entretanto, é justamente pela autoridade estatal em face dos particulares, que os anseios sociais devem ser por ele, estado, conduzidos.

De acordo com o professor de Coimbra, Luís Cabral de Oliveira de Moncada:[9]

> a lei do Estado ou a política, por sua vez, diz-nos quais os mais altos fins e valores sociais que é indispensável reconhecer e respeitar para a comunidade poder existir e prosperar.

O Estado como garante da cidadania dos indivíduos tem que respeitar os direitos fundamentais, isto é, tudo aquilo compatível com o bem-estar da sociedade. Perante esse quadro fundamental, o Estado desempenha atividades das mais diversas searas, com o propósito de satisfazer esses desejos inerentes ao seio social democrático. O Estado assim busca, nessa sua permanente trajetória, meios legais de desempenho positivo no meio ambiente.

Quando se analisa o texto constitucional, art. 225 da CF, aqui já mencionado, temos a proteção do meio ambiente como uma política pública. As constituições contemporâneas, inspiradas pelas lamentações da sociedade que o meio ambien-

---

do conhecimento e demanda novas metodologias capazes de orientar um processo de reconstrução do saber que permita realizar uma análise integrada da realidade". LEFF, Enrique. *Epistemologia ambiental*. Trad. Sandra Valenzuela. 4. ed. rev. São Paulo: Cortez, 2007. p. 61-62.

8. TUPIASSU, Lise Vieira da Costa. *Tributação ambiental*: a utilização de instrumentos econômicos e fiscais na implementação do direito ao meio ambiente saudável. Rio de Janeiro: Renovar, 2006. p. 49.

9. MONCADA, Luís Cabral de Oliveira de. *Filosofia do direito e do estado*. Coimbra: Coimbra Editora, 1966, p. 314.

CAPÍTULO 2 • O PAPEL DO TRIBUTO COMO FERRAMENTA ESTATAL NA PROTEÇÃO AMBIENTAL **21**

te está assolado e que precisamos dele para viver com dignidade, tendem a ser "constituições ecológicas", como na do Brasil.[10]

Irrompeu a exigência de se tutelar juridicamente o meio ambiente, não somente ao nível nacional, mas global e no patamar mais alto do nosso Ordenamento Jurídico, ou seja, na Constituição. O constituinte deliberou por proteger a defesa do meio ambiente por ser esse advindo de um direito natural que pertence a todos, sendo da titularidade de todos e de ninguém em exclusividade.[11]

E é com base neste nem tão novo anseio social, que a atual EC 132/2023, que fez a Reforma Tributária, pretende incluir o critério ambiental em seu bojo. Especialistas na área da tributação ambiental viram essa reforma como uma grande oportunidade para se inserir o meio ambiente na base do Sistema Tributário Nacional, dessa forma se garantirá o legítimo imbricamento do tributo com o meio ambiente.

Inclusive para o autor Gomes Canotilho,[12] tem-se por premissa a força normativa da "Constituição Ambiental", o que se nota no estabelecimento de um novo "programa jurídico-constitucional" de feição ecológica.

A crise ambiental e a degradação do meio ambiente são frutos de uma economia descontrolada. Desse modo, após a Segunda Guerra Mundial e com a progressiva destruição do meio ambiente, a sociedade protesta contra os problemas ecológicos. Não se cuida apenas de uma preocupação política ou de sustentabilidade econômica, mas de um problema globalizado com a demanda de assegurar a vida humana com dignidade e saúde, avivando as políticas econômicas a gerar uma relação sustentável entre o desenvolvimento industrial e o meio ambiente equilibrado.

O Supremo Tribunal Federal (STF), em 1995, acolheu a fundamentalidade do direito ao meio ambiente que:

> O direito ao meio ambiente ecologicamente equilibrado – direito de terceira geração – constitui prerrogativa jurídica de titularidade coletiva, refletindo, dentro do processo de afirmação dos direitos humanos, a expressão significativa de um poder atribuído não ao indivíduo identificado em sua singularidade, mas num sentido verdadeiramente mais abrangente, a própria coletividade social. (...) Os direitos de terceira geração, que materializam poderes de titularidade coletiva atribuídos genericamente a todas as formações sociais, consagram o

---

10. ROTHENBURG, Walter Claudius. Jurisdição constitucional ambiental no Brasil. In: SARMENTO, Daniel; SARLET, Ingo Wolfgang (Coord.). *Direitos fundamentais no Supremo Tribunal Federal*: balanço e crítica. Rio de Janeiro: Lumen Juris, 2011, p. 834.

11. "As a matter of fact, regulation has been the main policy instrument used by governments each time they have been faced with increasing signs of critical environmental degradation". BARDE, Jean-Philippe; GODARD, Olivier. Economics principles of environmental fiscal reform. *Handbook of Research on Environmental Taxation*. Massachusetts, Edward Elgar Publishing Limites, p. 35, 2014.

12. CANOTILHO, José Joaquim Gomes. Direito constitucional ambiental português e da União Europeia. In: CANOTILHO. J.J. Gomes (Org.). *Direito constitucional ambiental brasileiro*. São Paulo: Saraiva, 2007.

princípio da solidariedade e constituem um momento importante no processo de desenvolvimento, expansão e reconhecimento dos direitos humanos, caracterizados enquanto valores fundamentais indisponíveis, pela nota de uma essencial inexauribilidade.[13]

Baseando-se nesses entendimentos iniciais de abordagens variadas, intenta-se fazer uma correlação entre a tributação e o meio ambiente e a Reforma Tributária brasileira, emenda constitucional promulgada sob o n. 132, no dia 20 de dezembro de 2023, haja vista ser o meio ambiente um bem a ser garantido e preservado. O legislador constituinte tutelou o meio ambiente ecologicamente equilibrado na Constituição Federal, assim como assentiu que o legislador derivado crie normas jurídicas para estimular a conduta dos cidadãos a preservar o meio ambiente e punir a utilização indevida deste.

Dessa forma, a supremacia do interesse público na preservação ambiental exige a prevalência do bem comunitário sobre o individual.

2. O TRIBUTO COMO INSTRUMENTO DA AÇÃO ESTATAL

Começo este subtópico com uma indagação pertinente da autora Lise Vieira da Costa Tupiassu:[14]

será que algum dos instrumentos jurídicos atualmente existentes tem condições de atender a essa necessidade de compatibilização de interesses econômicos públicos e privados diante da imperiosa proteção do meio ambiente?

Tomando por base esse questionamento, far-se-á uma análise a respeito do tributo enquanto ferramenta estatal hábil a proteger o meio ambiente. É por meio das políticas públicas que o Estado finca seus projetos; e a tributação serve como ferramenta hábil dessas políticas, principalmente as da seara ambiental. A aplicação do tributo é meio estatal de materialização positiva dos desideratos constitucionais, dentre os quais se incluem a preservação ambiental e a melhoria de qualidade de vida dos indivíduos.

A sociedade moderna está inserida em um Estado Socioambiental, pós-Social, no qual há a intervenção do ente político com o fim de realizar o bem da sociedade, o bem comum. O Estado contemporâneo intervém na sociedade criando legislações com políticas ambientais, delimitando uma mudança na economia que, até recentemente, usava dos recursos naturais sem preocupação com as gerações futuras e o degradando imprudentemente.

---

13. Supremo Tribunal Federal – STF. MS 22164/SP. Rel. Min. Celso de Mello. Diário de Justiça, 30.10.1995. Dez anos depois, o Tribunal reforçou referido entendimento, também com a relatoria do Min. Celso de Mello (STF, ADI/MC 3540-1/DF. Diário de Justiça, 1º.09.2005)
14. TUPIASSU, Lise Vieira da Costa. *Tributação ambiental*: a utilização de instrumentos econômicos e fiscais na implementação do direito ao meio ambiente saudável. Rio de Janeiro: Renovar, 2006. p. 2.

CAPÍTULO 2 • O PAPEL DO TRIBUTO COMO FERRAMENTA ESTATAL NA PROTEÇÃO AMBIENTAL

Outrossim, para haver estabilidade econômica, é indispensável o equilíbrio da balança entre as necessidades da indústria com a qualidade de vida da coletividade, hoje centrada no meio ambiente ecologicamente equilibrado.

Conforme a Organização das Nações Unidas (ONU), por sua comissão mundial sobre o meio ambiente:[15]

> os Estados devem garantir que a conservação seja considerada parte integrante do planejamento e da implantação de programas de desenvolvimento que estabelece como meta econômico-social o que se denomina 'desenvolvimento sustentável'.

Nesse panorama, o Estado Socioambiental tem obrigação, por lei, de intervir na sociedade para defesa do meio ambiente, incentivando certos comportamentos que o preservem e tolhendo a prática da economia contemporânea que o destrói.

É na convergência do desenvolvimento econômico com a preservação do meio ambiente que o Estado lança mão do Direito Tributário para introduzir um critério ambiental no sistema fiscal, alterando a cultura da sociedade e refreando a livre iniciativa econômica.

O Direito é uma disciplina social dinâmica dos valores do meio em que se verifica, devendo ter resiliência incessante para cuidar dos interesses e necessidades urgentes de seu espaço. E, em vista disso, as políticas públicas têm que levar em consideração a efetividade substancial dos direitos humanos, conforme a realidade atual, concedendo especial atenção ao direito ao meio ambiente ecologicamente equilibrado, uma vez que é aspecto da dignidade da pessoa humana e fundamento do Estado Democrático de Direito brasileiro.

O Direito Tributário vai procurar no Direito Ambiental os fundamentos para poder servir de instrumento à proteção da natureza e subsequentemente da vida.

Entretanto, a inserção do ambientalismo no Direito Tributário há que levar em conta, no entendimento de Casalta Nabais[16] o "corte oblíquo" que a tutela ambiental provoca em toda a ordem jurídica: conclusão porque implacável a utilização de todo o instrumental jurídico disponível (até mesmo o tributário) na defesa do meio ambiente. Contudo, não se pode deixar cair na tentação de criação do mais do mesmo, que são os "velhos" tributos vestidos com trajes novos, onerando desse modo a carga fiscal sem vantagem efetiva senão para o caixa do Tesouro.[17]

---

15. COMISSÃO MUNDIAL SOBRE MEIO AMBIENTE E DESENVOLVIMENTO. *Relatório Nosso Futuro Comum*. 2. ed. São Paulo: Editora da Fundação Getúlio Vargas, 1991. p. 388-392.

16. NABAIS, José Casalta. *O dever fundamental de pagar impostos*: contributo para a compreensão constitucional do estado fiscal contemporâneo. Coimbra: Editora Almedina, 2012. p. 651.

17. OLIVEIRA, José Marcos Domingues de. *Direito tributário e meio ambiente*. 3. ed. rev. e ampl. Rio de Janeiro: Forense, 2007. p. 22.

Dentro dessa perspectiva, de ver assegurada a educação tributária ambiental no Brasil, a nível constitucional, que nas discussões acerca da Reforma Tributária (Proposta de Emenda à Constituição 45/2019, a qual foi transformada na EC 132/2023), propôs-se a inclusão do critério ambiental no Sistema Tributário Nacional, sobre tal ponto discorrer-se-á no subtópico seguinte.

3. A INCLUSÃO DO CRITÉRIO AMBIENTAL NA REFORMA TRIBUTÁRIA BRASILEIRA (DISCUSSÕES NO ÂMBITO DA PEC 45/2019[18], ATUAL EC 132/2023)

A inserção de mecanismos de tributação ambiental em nosso sistema tributário é premente necessidade. Os meios econômicos de política ambiental são essenciais, uma vez que os tradicionais instrumentos de comando e controle[19] – exemplos: padrões, licenças, zoneamentos – estão obsoletos.

Como bem frisa, José Marcos Domingues de Oliveira:[20]

> Uma coisa parece certa: não se valer da tributação ambiental, seja em sentido estrito, seja em sentido amplo, a par de desatender ao mandamento constitucional de emprego de todos os meios disponíveis à defesa da Natureza, configura incentivo à degradação do Meio, pela não contabilização e não internalização das perdas ambientais.

Nesse entremeio, em 2019, foram apresentadas duas propostas de emenda constitucional para Reforma Tributária – 45/2019 e 110/2019 – e, em ambas as proposições, a alteração do Sistema Tributário Nacional tem como principal objetivo a simplificação e a racionalização da tributação sobre a produção e a comercialização de bens e a prestação de serviços.[21]

A proposta de emenda constitucional aprovada na Câmara dos Deputados, com alterações em seu texto inicial, foi a PEC 45/2019, que seguiu para o Senado Federal. O objetivo central da inserção do critério ambiental é incluir mecanismos para estimular a economia verde e produzir itens mais sustentáveis.

A PEC 45/2019 inicia em seu primeiro dispositivo com a inclusão do § 4º ao art. 43 da CF, o qual prevê que, sempre que possível, a concessão de incentivos regionais – isenções, reduções ou diferimento temporário de tributos federais

---

18. Disponível em: https://www.camara.leg.br/proposicoesWeb/fichadetramitacao?idProposicao=2196833. Acesso em: 21 fev. 2024.
19. Classificação adaptada a partir de Bursztyn e Bursztyn (2013), Strauch (2008), Motta (2008) e Margulis (1996).
20. OLIVEIRA, José Marcos Domingues de. *Direito tributário e meio ambiente*. 3. ed. rev. e ampl. Rio de Janeiro: Forense, 2007. p. 343.
21. Disponível em: https://www2.camara.leg.br/atividade-legislativa/estudos-e-notas-tecnicas/fiquePorDentro/temas/sistema-tributario-nacional-jun-2019/reforma-tributaria-comparativo-das-pecs-em-tramitacao-2019. Acesso em: 13 jul. 2023.

CAPÍTULO 2 • O PAPEL DO TRIBUTO COMO FERRAMENTA ESTATAL NA PROTEÇÃO AMBIENTAL

devidos por pessoas físicas, ou jurídicas –, a que se refere o § 2º, inc. III, considerará critérios de sustentabilidade ambiental e redução das emissões de carbono.

Posteriormente, na sequência, dentro do Título VI – Da tributação e do orçamento, do Capítulo I – Do Sistema Tributário Nacional, da Seção I – Dos princípios gerais, ainda no art. 1º da PEC 45/2019, há a previsão de inclusão do § 3º ao art. 145 da CF, o qual diz que o Sistema Tributário Nacional deve observar os princípios da simplicidade, da transparência, da justiça tributária e do equilíbrio e da defesa do meio ambiente.

Em seguida, na Seção III – Dos impostos da União, a PEC 45/2019 estabelece a instituição de um tributo federal – inclusão do inc. VIII ao art. 153 – sobre a produção, extração, comercialização ou importação de bens e serviços prejudiciais à saúde ou ao meio ambiente, nos termos de lei complementar. Agiu aqui o legislador com o intuito de desestimular condutas flagrantemente contrárias à proteção do meio ambiente por meio do gravame de um tributo da União. A cobrança dessa exação só se dará a partir de 2027. Mas houve um abrandamento, pois não incidirá sobre exportações, operações com energia elétrica e operações com telecomunicações (art. 153, § 6º, inc. I).

A Reforma Tributária também trouxe o critério ambiental dentro da Seção VI – Da Repartição das Receitas Tributárias, que está dentro do Sistema Tributário Nacional, na Constituição Federal. No artigo 158 da CF, § 2º, inc. III, que traz a repartição para os municípios, há a destinação do imposto sobre bens e serviços (IBS – art. 156-A da CF) em 5% (cinco por cento), com base em indicadores de preservação ambiental, de acordo com lei estadual respectiva. Um estímulo aos municípios brasileiros que, ao preservarem o meio ambiente, ganharão mais renda.

Após, na Seção VI – Da Repartição das Receitas Tributárias, a PEC da Reforma Tributária prevê a inclusão do art. 159-A que cria o Fundo Nacional de Desenvolvimento Regional visando reduzir as desigualdades regionais e sociais mediante a entrega de recursos da União aos Estados e ao Distrito Federal e, no §3º do mencionado dispositivo, os Estados e o Distrito Federal priorizarão projetos que prevejam ações de sustentabilidade ambiental e redução das emissões de carbono.

Assim, além desses dispositivos, durante as discussões para a aprovação da PEC 45/2019, no dia 25 de abril do corrente ano de 2023, houve audiência pública, na Câmara dos Deputados, em que grupo de trabalho composto por especialistas em economia verde apresentaram uma série de outras sugestões para inserção de critério ambiental no Sistema Tributário Nacional por meio da Reforma Tributária (PEC 45/2019).

Taxação do carbono, tratamento diferenciado para setores econômicos menos poluentes, incentivos à reciclagem e adaptação às mudanças climáticas, dentre outros, foram assuntos abordados pelos especialistas no assunto.

No que concerne à taxação do carbono, uma das especialistas presentes à audiência pública, Tatiana Machado, consultora do Banco Mundial, revelou ser mais efetiva a taxação sobre o carbono em si (carbono *in natura*), e não sobre o crédito de carbono, afinal essa é a realidade da maioria dos países que instituiu o *carbon tax*, com base no princípio do poluidor-pagador, que vem logrando êxito.[22] A PhD inclusive sugeriu que o primeiro contribuinte da cadeia de extração do petróleo seja o responsável pelo recolhimento da exação a fim de facilitar o controle e a arrecadação pelo Fisco, sendo a extração mesma o fato gerador do tributo.

Já a professora titular da UFC e procuradora da Fazenda Nacional, Denise Lucena, ressaltou a cautela que se deve ter para não se instituir um "falso tributo verde". A especialista, que também esteve presente à audiência pública, reforçou juntamente aos deputados que aproveitem o ensejo da reforma tributária e instituam um "sistema tributário ambiental".[23]

Por sua vez, o coordenador do Instituto Democracia e Sustentabilidade (IDS), o senhor Marcos Woortmann, apresentou aos parlamentares o manifesto "Reforma Tributária 3 S – Sustentável, Saudável e Socialmente Inclusiva", preparado por 72 entidades da sociedade civil.

Por meio dessa carta, organizações da sociedade civil propugnam mudanças no sistema tributário brasileiro, priorizando a erradicação da pobreza, a redução das desigualdades sociais, regionais, raciais e de gênero, o cumprimento dos compromissos assumidos internacionalmente para o meio ambiente ecologicamente sustentável e a proteção da saúde da população brasileira.

A Reforma Tributária 3S tem o objetivo de, simultaneamente, promover a saúde, proteger o meio ambiente e enfrentar as desigualdades sociais. As propostas dessa linha visam, dentre outras medidas, desincentivar o consumo e a produção de produtos que causam males à saúde e ao meio ambiente e tornar mais progressivos os impostos sobre renda e patrimônio.[24]

Ainda nas análises da audiência pública, a deputada federal, Tabata Amaral (PSB-SP), propôs três sugestões: i) criação de critérios de sustentabilidade para distribuição de recursos do fundo regional; ii) vinculação dos recursos do imposto seletivo para investimento na economia verde; iii) destinação de mais recursos para o fundo de mudanças do clima.[25]

---

22. Disponível em: https://www.camara.leg.br/noticias/955770-grupo-de-trabalho-da-reforma-tributaria-recebe-sugestoes-de-incentivo-a-economia-verde/. Acesso em: 13 jul. 2023.
23. Disponível em: https://www.camara.leg.br/noticias/955770-grupo-de-trabalho-da-reforma-tributaria-recebe-sugestoes-de-incentivo-a-economia-verde/. Acesso em: 13 jul. 2023.
24. Cartilha: Manifesto por uma Reforma Tributária 3S: Saudável, Solidária e Sustentável. Brasília, 28 de março de 2023.
25. Disponível em: https://www.camara.leg.br/noticias/955770-grupo-de-trabalho-da-reforma-tributaria-recebe-sugestoes-de-incentivo-a-economia-verde/. Acesso em: 13 jul. 2023.

CAPÍTULO 2 • O PAPEL DO TRIBUTO COMO FERRAMENTA ESTATAL NA PROTEÇÃO AMBIENTAL

Representante setorial, o senhor Rodrigo Petry, consultor jurídico do Instituto Nacional da Reciclagem (INESFA), lembrou que o setor perdeu a isenção de PIS/COFINS. E ele pontua muito lucidamente acerca do assunto:

> Entendo que não tem sentido tributar uma empresa que vende sucata de ferro da mesma forma como se tributa uma empresa que vende minério de ferro, ou tributar uma cooperativa que vende papel reciclado da mesma forma que se tributa uma empresa que vende celulose, ou ainda tributar uma cooperativa que vende pet reciclado da mesma forma que uma empresa que vende a resina do plástico.[26]

Além dessas sugestões na audiência pública acima mencionada, a PEC já previa pontos de inclusão do critério ambiental na reforma tributária. O Imposto sobre Veículos Automotores (IPVA), por exemplo, teve o critério ambiental explicitamente inserido para a sua instituição. O agora denominado "IPVA ecológico", emergido com a promulgação da Emenda à Constituição 132/2023 (art. 155, § 6º, inc. II, da CF), terá alterações em suas alíquotas, que passarão a ser diferenciadas em função do tipo, do valor, da utilização e do impacto ambiental causados pelos veículos.

Os Estados cobrarão ainda alíquota menor dos veículos menos poluentes e ampliaram a carga sobre os veículos com emissões mais altas.[27]

Assim, a Emenda à Constituição 132/2023, que altera o Sistema Tributário Nacional, promulgada após longas e acirradas discussões de diversos setores no Congresso Nacional, inclui o critério ambiental como princípio constitucional-tributário, o que dá arcabouço para os diversos entes da federação legislarem com segurança jurídica ao promoverem a proteção ambiental por meio dos tributos.

4. A DEGRADAÇÃO E A PRESERVAÇÃO AMBIENTAL PARA A (DES) ONERAÇÃO TRIBUTÁRIA: A FUNÇÃO EXTRAFISCAL DOS TRIBUTOS

Desde a CF/88, há a indispensabilidade de se fixar políticas públicas voltadas à proteção de um meio ambiente ecologicamente equilibrado e essencial à sadia qualidade de vida. Seja por estímulo positivo ou negativo, a extrafiscalidade tributária funciona como meio de intervenção na ordem econômica e instrumento de concretização de políticas públicas designadas à satisfação dos bens fundamentais constitucionalmente eleitos.

---

26. Disponível em: https://www.camara.leg.br/noticias/955770-grupo-de-trabalho-da-reforma-tributaria-recebe-sugestoes-de-incentivo-a-economia-verde/. Acesso em: 13 jul. 2023.

27. Disponível em: https://valor.globo.com/politica/noticia/2023/07/03/estimulos-economia-verde-so-incorporados-reforma-tributria-veja-quais.ghtml. Acesso em: 13 jul. 2023.

De acordo com Lise Vieira da Costa Tupiassu:[28]

> Os tributos, em verdade, podem ter como fator-chave o exercício de influências na conjuntura econômica e social, modificação funcional que dá a eles nova qualificação. Assim, ao lado de sua função precípua de angariar fundos para a consecução dos fins estatais, os tributos podem ser utilizados para direcionar a conduta dos contribuintes, sendo dotados, portanto, de fins extrafiscais.

A função extrafiscal dos tributos é a função que sobeja o estritamente arrecadatório, é nela que se pode induzir as condutas dos indivíduos por meio do aumento ou da diminuição da carga tributária. O tributo, por meio da extrafiscalidade, configura-se como instrumento de natureza econômica, podendo influir na obtenção de resultados que tutelem o bem ambiental, seja por meio de estratégias de aumento ou de diminuição das exações.

Na seara da função administrativa estatal, o objetivo das políticas públicas deve seguir os ditames da Lei Suprema, sendo a Constituição Federal. O gestor público não é incumbido de escolher qual o desiderato constitucional, a ele só cabe fazer o devido para cumpri-lo.

A aplicação da extrafiscalidade tributária está atrelada a uma maior intervenção do Estado na economia. Afinal, à proporção que progridem as funções sociais do Poder Público, se pode ver de maneira mais evidente a grande eficácia dos tributos como elementos de regulação do mercado e reestruturação social, alcançando fundamental relevância a ideia de extrafiscalidade, retirando da figura do tributo o seu caráter estritamente arrecadatório.

No entanto, todo o tributo apresenta as duas funções – fiscal e extrafiscal – o que acontece para se diferenciar se uma exação é fiscal ou extrafiscal é a predominância de uma função em detrimento da outra. Veja as claras palavras de Paulo de Barros Carvalho:[29]

> ... não existe (...) entidade tributária que se possa dizer pura, no sentido de realizar tão só a fiscalidade ou, unicamente a extrafiscalidade. Os dois objetivos convivem harmônicos, na mesma figura impositiva, sendo apenas lícito verificar que, por vezes, um predomina sobre o outro.

Especificamente na seara da extrafiscalidade no campo ambiental, o Estado deve buscar inclusive uma redução da arrecadação por meio da imposição de altas cargas tributárias se o objetivo das condutas é degradar o meio ambiente, como também conceder incentivos fiscais às condutas que visem tornar o meio ambiente ecologicamente equilibrado. Enquanto instrumentos de proteção ambiental, essa

---

28. TUPIASSU, Lise Vieira da Costa. *Tributação ambiental*: a utilização de instrumentos econômicos e fiscais na implementação do direito ao meio ambiente saudável. Rio de Janeiro: Renovar, 2006. p. 118.
29. CARVALHO, Paulo de Barros. *Curso de direito tributário*. São Paulo: Saraiva, 1993. p. 149.

intervenção se justifica para promover condutas ecologicamente adequadas ou desestimular comportamentos que devastem o meio ambiente. De acordo com Alfredo Augusto Becker:[30]

> um direito tributário rejuvenescido que pelo impacto dos tributos realize a revolução social e, simultaneamente, financie a tarefa de reconstrução social disciplinada pelos demais ramos do Direito Positivo.

Partindo do estímulo positivo, imiscuindo-se na teoria de Kelsen, há a sanção premial, a qual influência positivamente o agente econômico a preferir opções sustentáveis ambientalmente, isto é, estimular condutas que preservem o meio ambiente saudável para as gerações do presente e do futuro.

Um exemplo de sanção premial, no Direito Tributário Ambiental, alçada constitucionalmente, está no art. 225, § 1º, inc. VIII da CF, que previu, entre outras medidas, uma tributação menor para os biocombustíveis e para o hidrogênio de baixa emissão de carbono, em relação aos combustíveis fósseis. Não à toa, a inserção do dispositivo se deu dentro do Capítulo VI da CF – Do Meio Ambiente – e não dentro do capítulo do Sistema Tributário Nacional:

> Art. 225. CF. Todos têm direito ao meio ambiente ecologicamente equilibrado, bem de uso comum do povo e essencial à sadia qualidade de vida, impondo-se ao Poder Público e à coletividade o dever de defendê-lo e preservá-lo para as presentes e futuras gerações.
>
> § 1º Para assegurar a efetividade desse direito incumbe ao Poder Público:
>
> VIII – manter regime fiscal favorecido para os biocombustíveis e para o hidrogênio de baixa emissão de carbono, na forma de lei complementar, a fim de assegurar-lhes tributação inferior à incidente sobre os combustíveis fósseis, capaz de garantir diferencial competitivo em relação a estes, especialmente em relação às contribuições de que tratam o art. 195, I, "b", IV e V, e o art. 239 e aos impostos a que se referem os arts. 155, II, e 156-A (Redação dada pela Emenda Constitucional 132, de 2023).

O Direito Tributário tem desempenhado papel cada vez mais relevante na proteção ambiental. A EC 132/2023 é exemplo de elevação do tratamento fiscal favorecido dos biocombustíveis e do hidrogênio de baixa emissão de carbono à garantia constitucional. A emenda garante uma tributação inferior para os biocombustíveis e para o hidrogênio de baixo carbono em relação aos combustíveis fósseis, assegurando um diferencial competitivo entre eles, com ação de redução particularmente sobre: 1) a Contribuição para o Financiamento da Seguridade Social (COFINS), a COFINS-Importação, e a Contribuição para o Programa de Integração Social (PIS), 2) O Imposto sobre Bens e Serviços (IBS), 3) o imposto sobre circulação de mercadorias e prestação de serviços (ICMS) e 4) Contribuição sobre Bens e Serviços.

---

30. BECKER, Alfredo Augusto. *Teoria geral do direito tributário*. 3. ed. São Paulo: Lejus, 1998, p. 586.

Por outro lado, têm-se as sanções propriamente ditas, que são aquelas impostas contra aqueles que atentem contra o direito fundamental ao meio ambiente ecologicamente equilibrado, elas têm como finalidade impedir ou desestimular, diretamente, um ato ou fato que a ordem jurídica proíba, assim, há desincentivo para que o indivíduo devaste o meio ambiente e, desta feita, pretende-se garanti-lo para as futuras gerações.

5. CONSIDERAÇÕES FINAIS

O permanente e descontrolado desenvolvimento econômico sem cautela e respeito ao meio ambiente, principalmente após a Revolução Industrial, acarretou sérios desdobramentos ao Planeta que habitamos, o que resultou na preocupação de especialistas de várias áreas a fim de minimizar os efeitos da crise ecológica em favor da sobrevivência da humanidade.

Enfim, a Reforma Tributária, promulgada pela EC 132 no dia 20 de dezembro de 2023, propõe-se a proteger o meio ambiente nos seguintes aspectos: i) inclusão do critério de preservação ambiental para a concessão de incentivos regionais; ii) previsão da observância pelo Sistema Tributário Nacional do princípio da defesa do meio ambiente; iii) instituição de um tributo federal sobre produção, extração, comercialização ou importação de bens e serviços prejudiciais à saúde ou ao meio ambiente; iv) instituição do IPVA "ecológico", prevendo instituição de alíquotas diferenciadas em função do impacto ambiental do veículo e v) repartição de tributos que pertencem aos municípios com base em indicadores de preservação ambiental e vi) prioridade de projetos que prevejam ações de sustentabilidade ambiental e redução das emissões de carbono, quando da aplicação de recursos pelo Fundo Nacional de Desenvolvimento Regional da União para os Estados e o Distrito Federal.

Arremata-se o estudo explanado sabendo que o Estado, intervencionista que é, como também por ser um Estado Socioambiental, tem a competência, por meio da instituição de tributos ou pela concessão de incentivos fiscais, para promover o desenvolvimento sustentável do meio ambiente e desenvolver condutas ambientalmente desejáveis. A reforma tributária se propõe claramente a isso.

Dessa forma, o papel do tributo como meio estatal de indução de comportamentos é instrumento de extrema eficácia, e a lei é uma facilitadora para o (des)estímulo das condutas negativas e positivas na sociedade. Não se pode deixar ao mero alvedrio do mercado as condutas que envolvam a tutela ao meio ambiente.

REFERÊNCIAS

BARDE, Jean-Philippe; GODARD, Olivier. Economics principles of environmental fiscal reform. *Handbook of Research on Environmental Taxation. Massachusetts*, Edward Elgar Publishing Limites, 2014.

BECKER, Alfredo Augusto. *Teoria geral do direito tributário*. 3. ed. São Paulo: Lejus, 1998.

CANOTILHO, José Joaquim Gomes. Direito constitucional ambiental português e da União Europeia. In: CANOTILHO. J.J. Gomes (Org.). *Direito constitucional ambiental brasileiro*. São Paulo: Saraiva, 2007.

CARTILHA Manifesto por uma Reforma Tributária 3S: Saudável, Solidária e Sustentável. Brasília, 28 de março de 2023.

CARVALHO, Paulo de Barros. *Curso de direito tributário*. São Paulo: Saraiva, 1993.

COMISSÃO MUNDIAL SOBRE MEIO AMBIENTE E DESENVOLVIMENTO. *Relatório Nosso Futuro Comum*. 2. ed. São Paulo: Editora da Fundação Getúlio Vargas, 1991.

DERANI, Cristiane. *Direito ambiental econômico*. 3. ed. São Paulo: Saraiva, 2008.

GRUPENMACHER, Betina Treiger; CAVALCANTE, Denise Lucena; RIBEIRO, Maria de Fátima; QUEIROZ, Mary Elbe. Novos horizontes da tributação: um diálogo luso-brasileiro. *Cadernos IDEFF Internacional*. Portugal, Edições Almedina, n. 2, 2012.

LEFF, Enrique. *Epistemologia ambiental*. Trad. Sandra Valenzuela. 4. ed. rev. São Paulo: Cortez, 2007.

MONCADA, Luís Cabral de Oliveira de. *Filosofia do direito e do estado*. Coimbra: Coimbra Editora, 1966.

MONTERO, Carlos Eduardo Peralta. *Tributação ambiental*: reflexões sobre a introdução da variável ambiental no sistema tributário. São Paulo: Saraiva, 2014.

NABAIS, José Casalta. *O dever fundamental de pagar impostos*: contributo para a compreensão constitucional do estado fiscal contemporâneo. Coimbra: Editora Almedina, 2012.

OLIVEIRA, José Marcos Domingues de. *Direito tributário e meio ambiente*. 3. ed. rev. e ampl. Rio de Janeiro: Forense, 2007.

OST, François. *A natureza à margem da lei*: a ecologia à prova do direito. Lisboa: Instituto Piaget, 1997.

ROTHENBURG, Walter Claudius. Jurisdição constitucional ambiental no Brasil. In: SARMENTO, Daniel; SARLET, Ingo Wolfgang (Coord.) *Direitos fundamentais no Supremo Tribunal Federal*: balanço e crítica. Rio de Janeiro: Lumen Juris, 2011.

SUPREMO TRIBUNAL FEDERAL – STF. MS 22164/SP. Rel. Min. Celso de Mello. Diário de Justiça, 30.10.1995. Dez anos depois, o Tribunal reforçou referido entendimento, também com a relatoria do Min. Celso de Mello (STF, ADI/MC 3540-1/DF. Diário de Justiça, 1.9.2005).

TUPIASSU, Lise Vieira da Costa. *Tributação ambiental*: a utilização de instrumentos econômicos e fiscais na implementação do direito ao meio ambiente saudável. Rio de Janeiro: Renovar, 2006.

SITES

https://www.camara.leg.br/proposicoesWeb/fichadetramitacao?idProposicao=2196833.

https://www25.senado.leg.br/web/atividade/materias/-/materia/137699.

https://www2.camara.leg.br/atividade-legislativa/estudos-e-notas-tecnicas/fiquePorDentro/temas/sistema-tributario-nacional-jun-2019/reforma-tributaria-comparativo-das-pecs-em-tramitacao-2019.

https://www.camara.leg.br/noticias/955770-grupo-de-trabalho-da-reforma-tributaria-recebe-sugestoes-de-incentivo-a-economia-verde.

https://valor.globo.com/politica/noticia/2023/07/03/estimulos-economia-verde-so-incorporados-reforma-tributria-veja-quais.ghtml.

Capítulo 3
(IN)EFETIVIDADE DO DIREITO À JURISDIÇÃO PERANTE O PODER PÚBLICO DEVEDOR: A CONSTITUCIONALIDADE DAS EMENDAS CONSTITUCIONAIS MODIFICATIVAS DO REGIME JURÍDICO DE PRECATÓRIOS SEGUNDO O STF DE 1988 A 2023

Estevão Mota Sousa

Mestrando em Direito pela Universidade Federal do Ceará (UFC). Pós-graduado em Direito Público pela Faculdade Legale (2022). Graduado em Direito pela Universidade Federal do Ceará – UFC (2021). Advogado. estevaoms98@gmail.com.

Sumário: Introdução – 1. Conceitos essenciais – 2. Emendas Constitucionais e entendimentos adotados pelo Supremo Tribunal Federal; 2.1 Emenda Constitucional 30/2000 e ADI 2356; 2.2 Emenda Constitucional 62/2009 e ADIs 4.425 e 4.357 – 3. O Novo Regime Especial de Pagamento da EC 94/2016 e as consecutivas ampliações do prazo para seu cumprimento – 4. Emendas Constitucionais 113/2021 e 114/2021 e ADIS 7064 E 7072 – 5. Considerações finais – Referências.

INTRODUÇÃO

O Poder Público brasileiro, quando se encontra na situação de devedor, possui procedimento próprio, e bastante privilegiado, para a quitação de suas obrigações de pagar. O regime jurídico dos precatórios surgiu como uma forma de viabilizar o pagamento de tais obrigações pelo Estado, harmonizando o dogma da impenhorabilidade dos bens públicos com o respeito à coisa julgada.

Há registros de instrumentos similares que remontam ao Brasil Império, mas tem-se que sua previsão constitucional inicial advém da Carta de 1934. Tal sistema pretende, desde sua criação, assegurar a isonomia no pagamento de tais dívidas, visto que estabelece uma ordem predefinida para a sua realização e remete ao Poder Judiciário a função de solicitar o adimplemento do débito na esfera administrativa.

Porém, alguns obstáculos têm sido enfrentados na correta operacionalização do sistema, barreiras que, em última instância, podem afetar a efetividade do direito à jurisdição e diversos outros Direitos Fundamentais, havendo risco de tornar este procedimento, formulado para efetivar as execuções contra a Fazenda Pública, no principal óbice para sua concretização.

Tais entraves, por vezes, são oriundos de Emendas Constitucionais que, em favorecimento aos entes devedores, estabelecem/estabeleceram condições mais favoráveis para o adimplemento dos débitos fazendários, em detrimento do cidadão credor.

Por isso, neste trabalho, se objetiva analisar as decisões emitidas pelo Supremo Tribunal Federal quando do julgamento das Ações Diretas de Inconstitucionalidade referentes às Emendas Constitucionais 30/2000; 62/2009; 94/2016; 113/2021 e 114/2021 sob o prisma da sua efetividade em evitar a concretização das inconstitucionalidades nelas verificadas e do efeito didático dos precedentes nelas formulados em orientar a Fazenda Pública em futuras atividades legislativas.

Desde já, explica-se que não será abordada a Emenda Constitucional 37/2002, pois, apesar de ter sido objeto da ADI 2666, a parte questionada não era referente às alterações ao regime jurídico de precatórios nela realizada.

Para este fim específico, o conteúdo das emendas será analisado somente na parte que teve sua constitucionalidade questionada em sede de controle concentrado, buscando responder os seguintes questionamentos: 1) Qual tem sido o entendimento do STF quanto a reformas no regime jurídico de precatório realizadas pelo poder constituinte reformador? 2) As decisões analisadas tiveram efetividade para combater os efeitos das disposições declaradas inconstitucionais e(ou) geraram o efeito didático necessário para evitar futuras inconstitucionalidades? 3) Quais as possíveis consequências da situação constatada na efetividade do direito à jurisdição do cidadão/contribuinte perante o Estado devedor?

Por fim, investiga-se, a partir das conclusões obtidas, se é possível identificar, nas decisões oriundas do STF sobre o tema, concreta defesa ao direito à jurisdição do cidadão credor perante o Poder Público devedor.

1. CONCEITOS ESSENCIAIS

Antes de adentrarmos na análise das decisões judiciais acima já referidas é necessário prestar alguns esclarecimentos sobre a natureza e características dos precatórios, tratar sobre a sua operacionalização nos termos do Regime Jurídico atual e diferenciá-lo das Requisições de Pequeno Valor (RPVs) para, por fim, justificar o recorte metodológico aqui realizado.

Os precatórios surgiram por uma necessidade histórica. A origem da concepção de um Estado "de Direito", estabelece que tal ente deve/deveria estar sujeito a normas universalmente aplicáveis e que o seu descumprimento possa gerar a responsabilização deste mesmo Estado pela via judicial. Porém, a

CAPÍTULO 3 – (IN)EFETIVIDADE DO DIREITO À JURISDIÇÃO PERANTE O PODER PÚBLICO DEVEDOR

efetivação de tal ideia passa por certa dificuldade, visto que, a princípio, o não cumprimento das obrigações pecuniárias pelo Poder Público não acarretaria consequência jurídica coercitiva para obrigar o adimplemento, pois, sendo os bens públicos impenhoráveis, não se revela possível uma execução forçada, com invasão patrimonial e expropriação de bens.[1]

Além disso, pela discricionariedade do pagamento, este não tinha que respeitar qualquer ordem de preferência, gerando o favorecimento de aliados políticos e troca de favores que pessoalizavam um processo que deveria ser pautado na isonomia.[2]

Alia-se a esse fator a natural inexistência de incentivo para que o gestor público deixe de utilizar recursos disponíveis para seus projetos e políticas para privilegiar o pagamento de débitos contraídos por administradores anteriores e ainda privilegiando, com o saneamento das dívidas, um sucessor que não ser seu aliado político.

Nas palavras de Hugo de Brito Machado Segundo:[3]

> Com efeito, ao pagar precatórios, o gestor atual usará recursos que em tese estariam "à sua disposição" para honrar pendências contraídas por gestões passadas, algo tão individualmente desinteressante quanto fazer uma dieta para queimar gorduras acumuladas pela comilança de outra pessoa.

Dessa forma, tornou-se necessária a implementação de um sistema que retire do ente devedor o poder decisório de pagar ou não pagar e que garanta um critério objetivo para a ordem na qual esses pagamentos devem ser efetuados.

Assim, criou-se o sistema de precatórios, privilegiando a ordem cronológica de pagamento e com a requisição de pagamento partindo do Poder Judiciário.

Em breve síntese, após uma decisão judicial contrária ao Poder Público transitar em julgado, tanto no reconhecimento judicial do direito (fase de conhecimento) quanto na fixação do valor exato da condenação (fase executiva), o juízo originário requisita ao presidente do tribunal competente que seja expedido um Precatório ou determinado o pagamento de uma Requisição de Pequeno Valor (RPV).

Sobre a última espécie, trata-se de sistemática diferenciada instituída pela Emenda Constitucional 30/2000, a qual alterou o art. 100 da Constituição Federal, acrescentando os parágrafos 3º e 4º. Esta mudança estabeleceu que as obrigações definidas em lei como "de pequeno valor" pelas Fazendas não se aplicam as disposições referentes à expedição de precatórios.

---

1. CUNHA, Leonardo Carneiro da. *Precatórios*: Atual Regime Jurídico. Rio de Janeiro: Forense, 2023. p. 5.
2. Ibidem, p. 12.
3. MACHADO SEGUNDO, Hugo de Brito. *Poder Público e Litigiosidade*. Indaiatuba: Editora Foco, 2021. p. 60.

Em tais casos, aplica-se o disposto no art. 535, § 3º, II do CPC/15, que estabelece o prazo de 2 (dois) meses, contados da entrega do ofício requisitório ao devedor, para o pagamento dos valores.

A aplicação deste prazo foi objeto da ADIs 5534 na qual se alegava interferência indevida na autonomia do estado-membro para legislar sobre a matéria de forma mais adequada a sua realizada orçamentária. Porém, tal alteração foi considerada constitucional em acórdão de que se destaca o seguinte texto, que sumariza a interpretação adotada pelo STF:[4]

> 1. A autonomia expressamente reconhecida na Constituição de 1988 e na jurisprudência do Supremo Tribunal Federal aos estados-membros para dispor sobre obrigações de pequeno valor restringe-se à fixação do valor referencial. *Pretender ampliar o sentido da jurisprudência e do que está posto nos §§ 3º e 4º do art. 100 da Constituição, de modo a afirmar a competência legislativa do estado-membro para estabelecer também o prazo para pagamento das RPV, é passo demasiadamente largo.*

> 2. A jurisprudência do Supremo Tribunal Federal confere ampla autonomia ao estado-membro na definição do valor referencial das obrigações de pequeno valor, permitindo, inclusive, a fixação de valores inferiores ao do art. 87 do ADCT (ADI 2868, Tribunal Pleno, Rel. Min. Ayres Britto, Rel. p/ ac. Min. Joaquim Barbosa, DJ de 12.11.04). *A definição do montante máximo de RPV é critério razoável e suficiente à adequação do rito de cumprimento das obrigações de pequeno valor à realidade financeira e orçamentária do ente federativo.* (destacou-se)

A definição legal atual do teto para aplicação do sistema de RPVs é de 60 (sessenta) salários mínimos para a União (Lei 10.529/2001) e, caso não haja lei específica, 40 (quarenta) salários mínimos para Estados e Distrito Federal e 30 (trinta) salários mínimos para os municípios (art. 87, I, ADCT, CF/88).

Já no caso de promulgação, pelos Estados, Distrito Federal e Municípios, de uma lei específica tratando do assunto, esta não pode estabelecer o teto da RPV em patamar inferior ao valor do maior benefício do Regime Geral de Previdência Social (art. 100, § 4º, CF/88)

Em caso de não pagamento da quantia no prazo determinado, é possível o sequestro dos valores na conta da entidade devedora e seu repasse, via alvará judicial, à parte credora, sendo exceção constitucional à regra da impenhorabilidade (art. 78, § 4º, ADCT, CF/88).

Já no regime tradicional de precatório, a ordem emitida pelo presidente do tribunal competente, a qual é de natureza administrativa,[5] não implica no paga-

---

4. STF, Pleno, ADI 5.534, Rel. Min. Dias Toffoli, DJ 12.02.2021. Disponível em: https://portal.stf.jus.br/processos/detalhe.asp?incidente=4989940. Acesso em: 14 jul. 2023.

5. Supremo Tribunal Federal. Súmula 733 – "Não cabe recurso extraordinário contra decisão proferida no processamento de precatórios." Disponível em: https://portal.stf.jus.br/jurisprudencia/sumariosumulas.asp?base=30&sumula=2807. Acesso em: 14 jul. 2023.

CAPÍTULO 3 – (IN)EFETIVIDADE DO DIREITO À JURISDIÇÃO PERANTE O PODER PÚBLICO DEVEDOR

mento direto da quantia, mas sim na inclusão, pelo Poder Público, de previsão do pagamento dos valores no orçamento do ano posterior, caso tenha sido expedida até o mês de junho, ou do seu subsequente, em caso de expedição após o mês de junho.

Este regime somente se aplica às obrigações de pagar devidas pelo Poder Público, expressão que engloba as pessoas jurídicas de direitos público e algumas outras espécies de entidades, incluídas neste rol por entendimento jurisprudencial, dentre as quais se destacam: a Empresa Brasileira de Correios e Telégrafos – ECT[6] e as sociedades de economia mista que, cumulativamente: desempenhem serviços essencialmente públicos, não exerçam atividade econômica, atuem em regime monopolista sem fins lucrativos e cujos bens destinados à execução sejam impenhoráveis.[7]

Além disso, a sistemática é de adoção obrigatória em toda condenação judicial transitada em julgado dos entes acima mencionados, tanto por previsão explícita do texto constitucional quanto pela própria natureza operacional das despesas públicas e a grande restrição feita à responsabilização pessoal do agente público por ato danoso no exercício de sua função. Explica-se:

O art. 100, caput, da CF/88 dita que os pagamentos devidos em virtude de "sentença judiciária" devem se submeter a este regime independentemente de sua natureza ou de seu titular (ressalvado o sistema de RPVs já abordado). Ademais, os gastos públicos precisam ser precedidos de previsão orçamentária para serem realizados, sendo vedada a abertura de crédito adicional para o pagamento de precatórios também na literalidade do art. 100.

Já quanto à restrição à responsabilidade pessoal do agente público, está também representa uma esfera material da obrigatoriedade da aplicação do regime de precatórios, pois obriga que a demanda indenizatória/ressarcitória seja direcionada a entidade submetida a este regime de pagamento.

Melhor explicando; a lesão causada pela Administração Pública ao cidadão/contribuinte, seja por ato lícito ou ilícito, é sancionada com a indenização dos danos causados pelo ato. A atual Constituição Federal estabelece em seu art. 37, § 6º, que as pessoas jurídicas de direito público e privado responderam pelos danos causados por seus agentes, somente sendo ele responsabilizável mediante ação de regresso de titularidade da própria Administração Pública.

Logo, independentemente da natureza da conduta perpetrada, da presença de dolo ou culpa do agente público e da sua capacidade econômica em arcar com

---

6. STF, Pleno, RE 220.906, Rel. Min. Moreira Alves, DJ 14.11.2002. p. 15.
7. STF, 1ª Turma, RE 627.242 AgR, Rel. Min Marco Aurélio, Rel. p/ acórdão Min. Luís Roberto Barroso, Dje 25.05.2017.

os danos causados, o cidadão prejudicado deverá ajuizar ação diretamente contra a entidade da Administração Pública e, caso vencedor, terá os valores indenizatórios processados no moroso e problemático regime de precatórios.

Aqui não se ignora a recente decisão proferida pelo STJ sobre o tema no Recurso Especial 1.842.613, presente no Informativo 730 da corte, abordando algumas exceções a aplicação desta regra.

No julgado mencionado, a regra geral do art. 33, § 6º, CF/88, a qual já foi reforçada pelo STF no julgamento do Recurso Extraordinário 1.027.633, o qual deu origem ao Tema 940 da Corte Suprema,[8] é relativizada de forma inovadora.

O caso lá tratado já faz parte do imaginário político brasileiro, tanto em seu aspecto crítico quanto no cômico. Trata-se da coletiva de imprensa convocada pelo então Procurador da República Deltan Dallagnol na qual este realizou apresentação sobre o andamento das investigações da operação "Lava-Jato". Durante esta apresentação, foi veiculada imagem em "Power Point" na qual diversas condutas desabonadoras e criminosas eram relacionadas ao então ex-presidente Luís Inácio "Lula" da Silva.

O então ex-presidente ajuizou ação solicitando indenização por danos morais, tendo sua pretensão impedida, nas instâncias ordinárias, devido à vedação constitucional já mencionada. Porém, a 4ª Turma do STJ entendeu por relativizá-la, fazendo menção, inclusive, ao Tema 940 do STF.

Do interessantíssimo julgado, se destacam os seguintes pontos de sua ementa, para explicitar o entendimento lá adotado:[9]

> 7. Na linha do julgamento pelo STF do RE 1.027.633/SP, nas ações de indenização, quando a conduta danosa derivar do exercício das funções públicas regulares, o autor prejudicado não possuirá mais a opção de escolher quem irá ocupar o polo passivo da demanda ressarcitória: se o próprio agente ou se a entidade estatal a que o agente seja vinculado ou se ambos. Nessa individualizada situação, a demanda, necessariamente, será ajuizada em face do Estado, que, em ação regressiva, poderá acionar o agente público.
>
> 8. Nas situações em que o dano causado ao particular é provocado por conduta irregular do agente público, compreendendo-se "irregular" como conduta estranha ao rol das atribuições funcionais, a ação indenizatória cujo objeto seja a prática do abuso de direito que culminou em dano pode ser ajuizada em face do próprio agente.

---

8. Supremo Tribunal Federal. Tema 940. Disponível em: https://portal.stf.jus.br/jurisprudenciaRepercussao/verAndamentoProcesso.asp?incidente=6083656&numeroProcesso=1306505&classeProcesso=ARE&numeroTema=940#:~:text=Tema%20940%20%2D%20Responsabilidade%20civil%20subjetiva,H%C3%A1%20Repercuss%C3%A3o%3F&text=Descri%C3%A7%C3%A3o%3A,discute%2C%20com%20base%20no%20art. Acesso em: 14 jul. 2023.

9. STJ. REsp 1842613/SP, Rel. Ministro Luis Felipe Salomão, Quarta Turma, julgado em 22.03.2022, DJe 10.05.2022. Disponível em: https://www.buscadordizerodireito.com.br/jurisprudencia/detalhes/48cb136b65a69e8c2aa22913a0d91b2f. Acesso em: 14 jul. 2023.

CAPÍTULO 3 – (IN)EFETIVIDADE DO DIREITO À JURISDIÇÃO PERANTE O PODER PÚBLICO DEVEDOR **39**

(...)

11. Age com abuso de direito, ofendendo direitos da personalidade, o sujeito que, a pretexto de divulgar o oferecimento de denúncia criminal em entrevista coletiva, utiliza-se de termos e adjetivações ofensivos ("comandante máximo do esquema de corrupção", "maestro da organização criminosa") e marcados pelo desapego à técnica, assim como insinua a culpabilidade do denunciado por crimes antes que se realize o julgamento imparcial, referindo-se ainda a fatos e tipo penal que não constem da denúncia a que se dá publicidade.

12. É norma fundamental o dever de não prejudicar outrem. Essa "regra de moral elementar", de conteúdo mais amplo do que o do princípio da liberdade individual, é, forçosamente, limitativa das faculdades que o exercício desta comporta. O abuso de direito é, na origem, ato jurídico de objeto lícito, mas cujo exercício, levado a efeito sem a devida regularidade, acarreta um resultado ilícito.

13. Abusar do direito é extravasar os seus limites quando de seu exercício. *Assim, quando o agente, atuando dentro das prerrogativas que o ordenamento jurídico lhe confere, não observa a função social do direito subjetivo e, ao exercitá-lo, desconsideradamente, ocasiona prejuízo a outrem, estará configurado o abuso de direito.*

14. *Sempre que os limites socialmente aceitos forem ultrapassados, dando lugar a situações geradoras de perplexidade, espanto ou revolta decorrentes do exercício de direitos, a resposta do ordenamento só pode ser uma: a repulsa ao agir abusado, desarrazoado.* (destacou-se)

Curioso notar que, embora fundamente a relativização na ocorrência de conduta extrema e bastante adjetivada: "geradora de perplexidade, espanto, revolta", a base para tal entendimento é de que o agente público, quando age de forma irregular e fora de suas atribuições funcionais, legitima o ajuizamento de ação indenizatória em face de si.

Tal raciocínio já havia sido a muito exposto por Hugo de Brito Machado em sua tese de doutoramento datada de 2009, na qual, dentre outras propostas para melhor efetivar os Direitos Fundamentais do Contribuinte na relação tributária, propõe a responsabilização pessoal do agente público por atos ilícitos/abusivos por ele cometidos com base, no seguinte fundamento, dentre vários outros.[10]

A rigor, quem age ilegalmente não está representando o Estado porque este atua, ao menos em princípio, nos termos da lei. Assim, os agentes públicos que agem ilegalmente, em princípio não estão agindo "na qualidade de agentes públicos", e sim "como pessoas comuns".

O mesmo autor, em outro escrito ainda mais anterior ao citado, inclusive já havia trabalhado os efeitos positivos desta responsabilização em evitar novos abusos e servir como marco moralizador da atividade do agente estatal e, consequentemente, do próprio Estado. Veja-se:[11]

---

10. MACHADO. Hugo de Brito. *Os direitos fundamentais do contribuinte e a efetividade da jurisdição*. Tese (Doutorado) – Curso de Direito, Universidade Federal de Pernambuco, Recife, 2009. p. 250.

11. MACHADO, Hugo de Brito. Responsabilidade pessoal do agente público por danos ao contribuinte. *Revista Dialética de Direito Tributário*. São Paulo: Dialética, n. 95, nota 5, p. 88-91, 2003.

5.2. O efeito preventivo

(...) Preconizamos, pois, a responsabilidade do agente público por lesões que pratique a direitos do contribuinte, sem prejuízo da responsabilidade objetiva do Estado. Esta é a forma mais adequada de se combater o cometimento arbitrário do fisco. Uma indenização, por mais modesta que seja, paga pessoalmente pelo agente público produzirá, com certeza, efeito significativo em sua conduta. Ele não agirá mais com a sensação de absoluta irresponsabilidade como tem agido. Esse efeito salutar, aliás, começará logo com a citação. Tendo de defender-se em juízo, de prestar depoimento pessoal, o agente público vai pensar bem antes de praticar ilegalidades flagrantes, e assim já não cumprirá aquelas ordens superiores que de tão flagrantemente ilegais não podem ser dadas por escrito.

Terá, portanto, a responsabilização do agente fiscal, um significativo efeito preventivo de litígios, evitando todos aqueles que sejam fruto de autuações irresponsáveis.

5.3. Efeito moralizador

A responsabilização do agente fiscal terá também um significativo efeito moralizador. Evitará que o agente fiscal utilize o seu poder de lavrar autos de infração apenas para retaliar contra o contribuinte que não lhe atendeu as pretensões escusas. Certo de que lavrando auto de infração em situações nas quais não existe razão jurídica para tanto estará assumindo a responsabilidade pelos danos decorrentes de seu indevido comportamento, o agente fiscal evitará esse mau procedimento.

Por outro lado, como não poderá lavrar irresponsavelmente tantos autos de infração, quando encontrar situação na qual o auto é cabível tenderá a lavrá-lo como forma de justificar a sua atividade fiscalizadora.

Quando estiver em dúvida, tenderá a consultar oficialmente sua chefia, fazendo com que esta possa manter um efetivo controle da conduta de cada agente, tornando mais eficaz as normas internas de orientação dessa categoria funcional.

Porém, apesar de representar paradigmática mudança de entendimento, a decisão mencionada, justamente por fundamentar-se fortemente na gravidade específica da conduta lá analisada, não nos parece possuir o condão de mitigar significativamente a submissão do cidadão/contribuinte ao sistema de precatórios no cumprimento de suas demandas indenizatórias/ressarcitórias contra o Poder Público e seus agentes. Logo, os efeitos positivos acima tratados, infelizmente, não serão sentidos.

Portanto, a grande restrição à responsabilização pessoal do agente público ainda representa aspecto relevante da obrigatoriedade do regime de precatórios, em sua acepção material.

Ultrapassada a apresentação dos conceitos e reflexões acima expostos, pode-se justificar o recorte metodológico proposto no presente trabalho.

A sistemática das RPVs representou aprimoramento, do ponto de vista da efetividade de cumprimento da coisa julgada, no processo de pagamento de precatórios, sobretudo na possibilidade de sequestro dos valores em casos de não adimplemento.

CAPÍTULO 3 – (IN)EFETIVIDADE DO DIREITO À JURISDIÇÃO PERANTE O PODER PÚBLICO DEVEDOR

Porém, o sistema "tradicional" de pagamento ainda possui regime jurídico com relevantes imperfeições, seja na grande possibilidade de protelação do pagamento pelo Poder Público, nos critérios adotados para a atualização dos valores devidos ou na reiterada flexibilização do cumprimento das obrigações pelo Estado.

Por isso, este trabalho foca sua análise nas decisões do STF, em controle concentrado de constitucionalidade, sobre as reformas constitucionais ocorridas no sistema jurídico dos precatórios de 1988 a 2022.

Espera-se, por meio deste método, identificar os entendimentos predominantes da Corte Suprema no tratamento deste tema, bem como se tais entendimentos tiveram efetividade em evitar as consequências jurídicas das inconstitucionalidades e geraram efeito preventivo/didático sobre a temática nos legisladores pátrios.

2. EMENDAS CONSTITUCIONAIS E ENTENDIMENTOS ADOTADOS PELO SUPREMO TRIBUNAL FEDERAL

Conforme já mencionado anteriormente, não será analisada a totalidade das disposições presentes nas Emendas Constitucionais abordadas, mas somente aquelas que: 1) foram declaradas inconstitucionais em sede de controle concentrado de constitucionalidade pelo STF; e 2) estabeleciam condições de pagamento mais flexíveis para os entes devedores.

2.1 Emenda Constitucional 30/2000 e ADI 2356

O tramite desta ação talvez seja representativo da problemática que aqui se tenta investigar. A inicial da ADI 2356 foi distribuída em 28.11.2000 e somente teve sua Medida Cautelar julgada e deferida em 25.11.2010, um transcurso de 10 anos somente para o julgamento do pedido liminar, o que, materialmente, prejudicou em muito a utilidade prática dos efeitos deste julgado.

Importante ressaltar que esta ação ainda se encontra em trâmite no STF sem um julgamento definitivo de seu mérito passados quase 23 anos de sua distribuição.[12] A última movimentação registrada é a de seu julgamento de mérito no Plenário Virtual da corte, encerrado em 12.06.2023, suspenso por pedido de visto do Min. Alexandre de Moraes.

O dispositivo questionado tratava-se do art. 2º da EC 30/2000, o qual alterava o art. 78 do ADCT da CF/88 para, resumidamente: 1) renovar e majorar de 8(oito) para 10(dez) anos o prazo concedido pelo art. 33 do ADCT para o pagamento parcelado dos precatórios ainda pendentes na data da promulgação da Emenda;

---

12. Linha temporal completa do trâmite da ADI 2356. Disponível em: https://portal.stf.jus.br/processos/detalhe.asp?incidente=4989940. Acesso em: 14 jul. 2023.

2) permitir a cessão dos créditos advindos destes precatórios, bem como definir que estes tenham poder liberatório para o pagamento de tributos da entidade devedora.[13]

Estas alterações foram consideradas inconstitucionais, por maioria, quando do julgamento da Medida Cautelar requerida na referida ADI, em acórdão de cuja ementa se extraem os seguintes trechos:[14]

> 2. O sistema de precatórios é garantia constitucional do cumprimento de decisão judicial contra a Fazenda Pública, que se define em regras de natureza processual conducentes à efetividade da sentença condenatória transita em julgado por quantia certa contra entidades de direito público. Além de homenagear o direito de propriedade (inciso XXII do art. 5º da CF), prestigia o acesso à jurisdição e a coisa julgada (incisos XXXV e XXXVI do art. 5º da CF)
>
> (...)
>
> 4. O art. 78 do Ato das Disposições Constitucionais Transitórias, acrescentado pelo art. 2º da Emenda Constitucional 30/2000, ao admitir a liquidação "em prestações anuais, iguais e sucessivas, no prazo máximo de dez anos" dos "precatórios pendentes na data da promulgação" da emenda, violou o direito adquirido do beneficiário do precatório, o ato jurídico perfeito e a coisa julgada. Atentou ainda contra a independência do Poder Judiciário, cuja autoridade é insuscetível de ser negada, máxime no concernente ao exercício do poder de julgar os litígios que lhe são submetidos e fazer cumpridas as suas decisões, inclusive contra a Fazendo Pública, na forma prevista na Constituição e na lei. Pelo que a alteração constitucional pretendida encontra óbice nos incisos III e IV do §4º do art. 60 da Constituição, pois afronta a "separação dos Poderes" e os "direitos e garantias individuais".

A decisão, ainda vigente visto o não julgamento definitivo da causa, é claro ao estabelecer que esta flexibilização representou afronta à coisa julgada, direito adquirido e ato jurídico perfeito que constitui o direito do credor do precatório, bem como desrespeita a autonomia do Poder Judiciário de fazer cumprir suas decisões, além de desrespeitar diversos outros Direitos Fundamentais expressos na CF.

Ocorre que, como já dito anteriormente, até o deferimento desta medida cautelar, a qual suspendeu os efeitos das modificações feitas ao art. 78 do ADCT, transcorreram 10(dez) anos. Ora, o prazo estabelecido para o parcelamento de precatórios também era de 10(dez) anos. Quando houve a primeira decisão do processo, ainda em juízo perfunctório, o objeto da ação já estava prestes a se esvair.

Além disso, durante este período houve volumosa negociação dos créditos advindos de precatórios não pagos, os quais eram adquiridos por contribuintes

---

13. BRASIL, Constituição (1988). Emenda Constitucional 30, se setembro de 2000. Disponível em: https://www.planalto.gov.br/ccivil_03/constituicao/emendas/emc/emc30.htm. Acesso em: 14 jul. 2023.

14. STF, Pleno, ADI 2356MC. Disponível em: https://redir.stf.jus.br/paginadorpub/paginador.jsp?docTP=AC&docID=623127. Acesso em: 14 jul. 2023.

CAPÍTULO 3 – (IN)EFETIVIDADE DO DIREITO À JURISDIÇÃO PERANTE O PODER PÚBLICO DEVEDOR

por uma porcentagem de seu valor real com o fito de quitar seus débitos tributários, criando-se um mercado próprio para negociação e venda de tais créditos.[15]

Tais negociações, bem como os pagamentos realizados pelos entes devedores aos cidadãos credores realizados na sistemática estabelecida na EC 30/2000 não tiveram sua validade afetada pela decisão citada. Mesmo nas deliberações definitivas sobre o mérito da causa, travada no Plenário Virtual do STF no ano de 2023, os votos coletados são no sentido de, em respeito à segurança jurídica, manter a validade dos atos realizados na vigência da emenda.[16]

Nos debates traçados, destaca-se a posição do Min. Gilmar Mendes, que propõe, estando isolado até o momento da confecção deste artigo, a atribuição de efeitos *ex nunc* ao julgado, sendo somente validados os parcelamentos feitos até a data da concessão da medida cautelar (25.11.2010).

Dessa forma, tem-se que a atuação do STF neste caso não gerou efeitos práticos relevantes para a conter os efeitos causados por uma emenda inconstitucional que favorecia a Fazenda Pública devedora, em detrimento dos direitos do cidadão credor.

Isso se dá tanto pela imensa demora em emitir decisão, mesmo em sede liminar, e, mesmo quando deliberada a modulação dos efeitos da decisão definitiva de mérito, optar-se pela preservação da validade dos atos jurídicos ocorridos sob a vigência da regra inconstitucional.

Mesmo nas considerações do Min. Gilmar Mendes, que propôs efeitos *ex nunc* não mostra efetividade, visto que a medida cautelar foi concedida quando já transcorridos os 10(dez) anos do prazo máximo para o parcelamento.

Logo, neste caso, apesar de haver entendimento claro pela inconstitucionalidade de mudanças dessa natureza no regime jurídico dos precatórios, as manifestações do STF tiveram pouca ou nenhuma efetividade. Ironicamente, já que estamos tratando de precatórios, aqui o cidadão/contribuinte "ganhou, mas não levou".

2.2 Emenda Constitucional 62/2009 e ADIs 4.425 e 4.357

Próximo do fim do prazo máximo de parcelamento definido pela EC 30/200, e talvez por este fator motivada, foi promulgada a EC 62/2009, a qual também foi objeto de ADIs, desta vez numeradas 4.425 e 4.357.

---

15. MACHADO SEGUNDO, Hugo de Brito. *Poder Público e Litigiosidade*. Indaiatuba: Editora Foco, 2021. p. 64-65.
16. Decisão de Julgamento da sessão virtual de 02.06.2023 a 12.06.2023 no Plenário do Supremo Tribunal Federal. Disponível em: https://portal.stf.jus.br/processos/detalhe.asp?incidente=1885065. Acesso em: 14 jul. 2023.

Dente as alterações questionadas destacam-se: 1) a criação de um regime de compensação obrigatória dos créditos inscritos em precatórios com débitos inscritos na dívida ativa da Fazenda devedora; 2) a atualização do valor dos precatórios pela caderneta de poupança; e 3) a instituição de nova moratória ("regime especial"), dessa vez com duração de 15 (quinze) anos com pagamentos parcelados e contingenciamento de receitas especificamente para esse fim.

Além desse, destaca-se a criação de "leilões reversos".[17] Pelo sistema presente na emenda, os estados e municípios que não optarem pela moratória de 15 anos acima mencionada poderiam depositar um percentual mínimo de sua Receita Corrente Líquida para o pagamento dos precatórios em duas contas separadas, uma delas destinada ao pagamento das dívidas em ordem cronológica e a outra na qual terão prioridade no recebimento dos valores os credores que aceitassem maiores deságios em seus créditos.

Perceba-se que a Administração Pública aderiu à lógica que motivava o funcionamento do mercado de crédito citado no tópico anterior, porém, se habilitou como a única legitimada para a compra de tais créditos. Além de não quitar as dívidas, teria o privilégio de "recomprá-las" com desconto, premiando-se pela própria irresponsabilidade financeira.

Sobre o trâmite desta ação, ajuizada em 08.06.2010, foi levada ao Plenário do STF em 16.06.2011, tendo seu julgamento suspendo por dois anos devido a pedido de vista do Min. Luiz Fux e somente tendo decisão definitiva sobre seu mérito emitida em 14.03.2013. Ao contrário da ADI analisada anteriormente, o trâmite desta ação teve duração razoável para conseguir gerar efeitos concretos por meio de suas decisões.[18]

Na referida data parcialmente procedente, declarando inconstitucionais os 3 pontos acima já elencados, com a seguinte fundamentação, a qual se extrai de sua ementa:[19]

4. O regime de compensação dos débitos da Fazenda Pública inscritos em precatórios, previsto nos §§ 9º e 10 do art. 100 da Constituição Federal, incluídos pela EC 62/09, *embaraça a efetividade da jurisdição* (CF, art. 5º, XXXV), *desrespeita a coisa julgada material* (CF, art. 5º, XXXVI), vulnera a Separação dos Poderes (CF, art. 2º) e *ofende a isonomia entre o Poder Público e o particular* (CF, art. 5º, *caput*), cânone essencial do Estado Democrático de Direito (CF, art. 1º, *caput*).

---

17. SANDOVAL. Ana Flávia Magno. Leilão para pagamento de precatórios é inconstitucional. *Conjur*, 2012. Disponível em: https://www.conjur.com.br/2012-abr-06/leilao-pagamento-precatorios-inconstitucional-privilegia-estado. Acesso em: 14 jul. 2023.
18. Linha temporal completa do trâmite da ADI 2356. Disponível em: https://portal.stf.jus.br/processos/detalhe.asp?incidente=3900924. Acesso em: 14 jul. 2023.
19. STF, Pleno, ADI 4425, Rel. Min. Ayres Britto, Rel. p. ac. Min. Luiz Fux, j. em 14.04.2023. Disponível em: https://redir.stf.jus.br/paginadorpub/paginador.jsp?docTP=TP&docID=5067184. Acesso em: 14 jul. 2013.

CAPÍTULO 3 – (IN)EFETIVIDADE DO DIREITO À JURISDIÇÃO PERANTE O PODER PÚBLICO DEVEDOR

5. A atualização monetária dos débitos fazendários inscritos em precatórios segundo o índice oficial de remuneração da caderneta de poupança viola o direito fundamental de propriedade (CF, art. 5º, XXII) na medida em que é manifestamente incapaz de preservar o valor real do crédito de que é titular o cidadão. A inflação, fenômeno tipicamente econômico-monetário, mostra-se insuscetível de captação apriorística (ex ante), de modo que o meio escolhido pelo legislador constituinte (remuneração da caderneta de poupança) é inidôneo a promover o fim a que se destina (traduzir a inflação do período).

(...)

8. O regime "especial" de pagamento de precatórios para Estados e Municípios criado pela EC 62/09, *ao veicular nova moratória na quitação dos débitos judiciais da Fazenda Pública* e ao impor o contingenciamento de recursos para esse fim, viola a cláusula constitucional do Estado de Direito (CF, art. 1º, *caput*), *o princípio da Separação de Poderes* (CF, art. 2º), *o postulado da isonomia* (CF, art. 5º), *a garantia do acesso à justiça e a efetividade da tutela jurisdicional* (CF, art. 5º, XXXV), *o direito adquirido e à coisa julgada* (CF, art. 5º, XXXVI). (destaques nossos)

Note-se que alguns dos fundamentos já expostos no julgamento da Medida Cautelar na ADI 2356 estão presentes, com destaque para a violação ao direito adquirido e coisa julgada, bem como a isonomia e efetividade da tutela jurisdicional. Mas algumas novidades surgem.

Percebe-se a adoção de um critério mínimo de simetria entre o tratamento dado ao particular e ao Poder Público, pelo menos no que se trata do direito de compensação de débitos e dos índices adotados para a correção monetária dos valores a serem recebidos e a serem pagos pela Fazenda Pública.

Porém, outro empasse surgiu quando da apreciação de questão de ordem que solicitava a modulação temporal dos efeitos da decisão. Na ocasião, o Plenário da Corte, reunido em 25.03.2015, decidiu que os leilões, compensações e pagamentos realizados até aquela data seriam considerados válidos. Ademais, também se manteve a aplicação do índice da caderneta de poupança como atualizador dos valores dos precatórios até aquela data.[20]

Sobre a validade dos leilões e demais negócios jurídicos realizados, é importante ressaltar que estes são oriundos de decisões judiciais transitadas em julgado estabelecendo uma obrigação de pagar quantia certa. Logo, teria ocorrido um reconhecimento, pelo STF, da legitimidade e regularidade de situação que afrontaria claramente a coisa julgada, sendo "tolerada" situação inconstitucional quando promovida pelo Estado.

---

20. STF, Pleno, ADI 4425 Questão de Ordem, Rel. Min. Ayres Britto, Rel. p. ac. Min. Luiz Fux, j. em 25.03.2015. Disponível em: https://portal.stf.jus.br/processos/downloadPeca.asp?id=307323948&ext=.pdf. Acesso em: 14 jul. 2023.

Já na época discutia-se sobre o "exemplo" dado por este precedente quais efeitos didáticos este geraria no Poder Público. Aqui se destaca, a título exemplificativo, as palavras de Santanna e Alves:[21]

> Nesta senda, a declaração de inconstitucionalidade além de legitimar a manutenção, ainda que sob modulação de efeitos, de um regime descompassado com diversos preceitos constitucionais, reconhece a possibilidade de negociações de créditos decorrentes de sentenças judiciais. Com isso, é possível extrair, ao menos, *a tolerância da Suprema Corte a respeito, resultando na manutenção de um ambiente de especulações do Poder Público.*

Os mesmos autores também abordam a inadequação lógica da alegação de manutenção ou defesa do interesse público para fundamentar decisões favoráveis ao Estado credor em tais situações. Assim sumarizam seu entendimento:[22]

> Conceber que o Estado tem uma finalidade com o todo, finalidade pública e não particular, é condição suficiente para conferir razoabilidade a condicionamentos que permitam sua continuidade. Entretanto, a permissividade de um procedimento diverso do comum, quando a condenação envolve o Poder Público, não pode significar a manipulação desenfreada dos direitos titulados por particulares. Descabe ao Estado de Direito, preocupado com a implementação de uma justiça social, colocar-se em situação de intangibilidade frente às normas.
>
> A atual conjuntura exige uma razoabilidade desenvolvida em concessões recíprocas, respeitando tanto o interesse coletivo como o individual. Assim, forçoso o condicionamento do direito do titular de precatório, a um prazo diferenciado, mas ao mesmo tempo, respeitando o limite dos limites dos direitos fundamentais, garantindo a efetividade do direito creditório à manipulação por meio de moratórias.

Sobre essa questão, entendemos que seria justificável a validade dos negócios jurídicos realizados, sobretudo com base na confiança legítima dos nela envolvidos. Porém, não se compreende o motivo da manutenção de índice de atualização inadequado e não isonômico pelo período mencionado.

Logo, não estaria justificada a modulação de efeitos, principalmente quanto aos créditos ainda não pagos, visto que neles a correção de tal distorção não acarretaria consequências graves a ponto criarem situação de maior desrespeito às disposições constitucionais.[23]

---

21. SANTANNA, G. da S.; ALVES, R. P. O regime de precatórios e o (des)interesse (público) no seu pagamento. *Revista Digital de Direito Administrativo*, [S. l.], v. 3, n. 1, p. 226-227, 2016. DOI: 10.11606/issn.2319-0558.v3i1p217-234. Disponível em: https://www.revistas.usp.br/rdda/article/view/104506. Acesso em: 20 ago. 2023.
22. Ibidem, p. 231-232.
23. SEGUNDO, Hugo de Brito Machado. *Poder Público e Litigiosidade*. Indaiatuba: Editora Foco, 2021. p. 82-83.

3. O NOVO REGIME ESPECIAL DE PAGAMENTO DA EC 94/2016 E AS CONSECUTIVAS AMPLIAÇÕES DO PRAZO PARA SEU CUMPRIMENTO

Sendo declarada a inconstitucionalidade do regime especial de pagamento nos moldes definidos na EC 62/2009, promulgou-se a EC 94/2016 instituindo outro regime especial imposto aos Estados, Municípios e ao Distrito Federal caso estivessem em mora em 25.03.2015, data da modulação dos efeitos pelos STF.

Neste momento já é perceptível que as decisões emitidas pela Corte Suprema, apesar de possuírem entendimentos claros e coerentes entre si, além de explicitamente condenarem as violações aos diversos direitos fundamentais nelas analisados, não parecem surtir os efeitos didáticos necessários para evitar a promulgação reiterada de nova legislação igualmente violadora de cláusulas pétreas.

As Emendas 94, 99 e 109 são um excelente exemplo para a observação do alegado. A primeira, além de estabelecer novamente um regime diferenciado para o pagamento de precatórios, através de repasses feitos para uma conta administrada pelo tribunal, também estabelece o prazo para o adimplemento para 31.12.2020.[24]

A segunda ampliou ainda mais o prazo, fixando-o em 31.12.2024,[25] e também realizando mudanças pontuais no regime estabelecido na primeira emenda, mas sem modificá-lo substancialmente.[26] Por fim, a EC 109/2021 mais uma vez ampliou o prazo do regime especial, fixando-o em 31.12.2029.[27]

Contra as duas primeiras, somente uma ADI foi ajuizada (ADI 5.679) e impugnando especificamente a autorização do uso de depósitos judiciais para o pagamento de precatórios em atraso, tendo sido indeferida a medida cautelar nela requerida,[28] mas ainda sem julgamento definitivo de seu mérito. Na referida ação, não se questionou a constitucionalidade do regime especial em si.

Já contra a EC 109/2021 foram ajuizadas as ADIs 6804 e 6805, ainda em processo de tramitação inicial, sem decisão proferida até o momento da

---

24. BRASIL, Constituição (1988). Emenda Constitucional 94, de 15 de dezembro de 2016. Disponível em: https://www.planalto.gov.br/ccivil_03/constituicao/emendas/emc/emc94.htm. Acesso em: 14 jul. 2023.
25. BRASIL, Constituição (1988). Emenda Constitucional 99, de 14 de dezembro de 2017. Disponível em: https://www.planalto.gov.br/ccivil_03/constituicao/Emendas/Emc/emc99.htm. Acesso em: 14 jul. 2023.
26. CUNHA, Leonardo Carneiro da. *Precatórios*: Atual Regime Jurídico. Rio de Janeiro: Forense, 2023. p. 62.
27. BRASIL, Constituição (1988). Emenda Constitucional 109, de 15 de março de 2021. Disponível em: https://www.planalto.gov.br/ccivil_03/constituicao/emendas/emc/emc109.htm. Acesso em: 14 jul. 2023.
28. STF. Pleno. ADI 5679 MC, Rel. Min. Roberto Barroso. j. 07.06.2017. Disponível em: https://portal.stf.jus.br/processos/downloadPeca.asp?id=311977485&ext=.pdf. Acesso em: 14 jul. 2023.

elaboração desta pesquisa, ambas questionando a ampliação instituída pela norma constitucional reformadora.

Não é difícil perceber que as mesmas inconstitucionalidades verificadas no julgamento da ADI 4.425 também se verificam no texto das Emendas agora referidas. A criação de regime especial é, em si, uma afronta à efetividade do direito a jurisdição e a diversos outros direitos fundamentais tão aguerridamente defendidos no texto daquela decisão.

Nas sensatas palavras de Leonardo Carneiro da Cunha:[29]

> É, pelas mesmas razões, também inconstitucional o regime especial instituído pela Emenda Constitucional 94/2016 e posteriormente alterado pelas Emendas Constitucionais 99/2017 e 109/2021. Atenta contra o Estado Democrático de Direito postergar, indefinidamente, o pagamento de crédito decorrente de condenação judicial transitada em julgado, arrostando, do mesmo modo, as garantias do livre acesso à justiça, do devido processo legal, da coisa julgada e da duração razoável do processo.

A clara semelhança entre as citadas reformas constitucionais, por si só, já deveria servir de fundamento para, por exemplo, a concessão ágil de medida cautelar que suspendesse os efeitos das emendas em demandas que questionem sua constitucionalidade. Porém, não é isso que se verifica no trâmite das citadas ADIs.

Além disso, nota-se, de forma ainda mais preocupante, que o Supremo Tribunal Federal tem garantido e reforçado a aplicabilidade do regime especial de pagamento, inclusive no controle difuso de constitucionalidade, o qual ele também está legitimado a realizar em seus julgados.

Tome-se como exemplo duas recentes decisões, no MS 36375/MA[30] e na Rcl 32878/CE,[31] em que Municípios ou questionavam, ou procuravam assegurar a aplicabilidade do novo regime em seus casos particulares e, em ambos os casos, surpreendente e assustadoramente, as disposições da EC 94/2016 tiveram seu comprimento assegurado pela corte.

No contexto do controle concentrado, devido ao seu rol restrito de legitimados (aos quais é concedido a discricionariedade de provocar ou não o Poder Judiciário) e por possuir rito mais complexo, pode haver certa dificuldade ou menor celeridade em assegurar o respeito aos precedentes do Supremo.

---

29. CUNHA. Op. cit., p. 66.
30. STF. MS 36375/MA, Rel. Min. Marco Aurélio. Tribunal Pleno., julgado em 18.05.2021. Disponível em: https://portal.stf.jus.br/processos/downloadPeca.asp?id=15346754756&ext=.pdf. Acesso em: 14 jul. 2023.
31. STF. RCL 32878, Rel. Min. Cármen Lúcia. Decisão Monocrática, julgado em 14.06.2019. Disponível em: https://portal.stf.jus.br/processos/downloadPeca.asp?id=15340416171&ext=.pdf. Acesso em: 14 jul. 2023.

CAPÍTULO 3 – (IN)EFETIVIDADE DO DIREITO À JURISDIÇÃO PERANTE O PODER PÚBLICO DEVEDOR

Todavia, é preocupante observar que a corte possui precedentes claros sobre a matéria e, mesmo quando se depara com casos de aberto confronto a tais entendimentos, nos quais se pode, inclusive, exercer de ofício o controle difuso de constitucionalidade, opta por não o fazer.

4. EMENDAS CONSTITUCIONAIS 113/2021 E 114/2021 E ADIS 7064 E 7072

Como um último comentários sobre as mais recentes alterações realizadas no regime jurídico de pagamento de precatórios, serão brevemente abordadas. Inicialmente, a Emenda 113 amplia consideravelmente as possibilidades alternativas de satisfação de quitação de débitos de precatórios.[32]

Da quitação de débitos em dívida ativa, passando pelo oferecimento de direitos em contrato de partilha de petróleo e até o pagamento das outorgas de concessão de serviço público, todas essas formas de quitação agora podem ser utilizadas visando o adimplemento alternativo do precatório, desde que consentido pelo credor.[33]

Porém, se a emenda acima tratada pode ser encarada como um avanço na tentativa de aprimorar o sistema, a EC 114/2021 parece ir em direção contrária ao estabelecer um teto para a quantidade de recursos passíveis de serem direcionados para o pagamento de precatórios pela União.

O texto da emenda determina que, até o fim de 2026, o valor destinado ao pagamento de precatórios pela União deve ser o mesmo utilizado para esse fim no ano de 2016, devendo os débitos restantes não satisfeitos por este valor serem pagos nos exercícios seguintes.[34]

Tal alteração aprece recair sobre a mesma inconstitucionalidade ao limitar a efetivação do direito à jurisdição e do acesso à justiça, bem como, novamente, desrespeitar direito adquirido e coisa julgada em prol de dar maior manobrabilidade orçamentária ao governo federal por 5 (cinco) anos.

Tanto é que, esta emenda em especial é objeto das ADIS 7064 E 7072, as quais questionam sua adequação com o sistema constitucional brasileiro alegando utilizando justamente os precedentes aqui já analisados.

---

32. MENIN, Leonardo Catto; RODRIGUES, Diogo Luiz Cordeiro. ECs 113 e 114 podem trazer à luz o ignorado § 11 do artigo 100 da Constituição? *Conjur*, 2022. Disponível em: https://www.conjur.com.br/2022-fev-23/opiniao-ecs-113-114-11-artigo-100-constituicao. Acesso em: 14 jul. 2023.

33. BRASIL, Constituição (1988). Emenda Constitucional 113, de 08 de dezembro de 2021. Disponível em: https://www.planalto.gov.br/ccivil_03/constituicao/emendas/emc/emc113.htm. Acesso em: 14 jul. 2023.

34. BRASIL, Constituição (1988). Emenda Constitucional 114, de 16 de dezembro de 2021. Disponível em: https://www.planalto.gov.br/ccivil_03/constituicao/emendas/emc/emc114.htm. Acesso em 14 jul. 2023.

Porém, a elas foi aplicado o rito do art. 12 da Lei 9.869/1999, coletando as informações e manifestações da AGU e PGR com o intuito de levar as ações para julgamento em definitivo pelo Plenário da corte, sem apreciar a(s) Medida(s) Cautelar(es) nela requeridas.

Mais uma vez o Supremo Tribunal Federal é apresentado com a possibilidade assegurar o cumprimento e efetividade de seus precedentes quanto à inconstitucionalidade de modificações limitadoras do direito à jurisdição do cidadão credor perante o Estado devedor e decide não o fazer.

O trâmite e o julgamento das referidas ações vão representar outro paradigma para aferição pretendida neste trabalho. Quando e como será julgada são fatores que pode consolidar o diagnóstico da inefetividade do Poder Judiciário, aqui representado por seu mais elevado Tribunal, em garantir a imposição, ao Estado devedor, das normas previstas pelo sistema jurídico por ele mesmo criado e balizado.

Em tais situações, é natural e compreensível questionar a maturidade do Estado de Direito brasileiro e a eficiência das instituições criadas e mantidas para assegurá-lo, cisto que um termômetro adequado para estas características é justamente o tratamento que se dá ao Poder Público, quando encontrado em situação juridicamente desfavorável (devedor inadimplente).

A coerência das decisões tomadas em tais situações podem servir de regra para determinarmos onde nos localizamos na relação do Estado perante o cidadão, se mais próximos de uma relação de domínio e submissão ou de uma relação jurídica, com possibilidade de controle e fiscalização.

5. CONSIDERAÇÕES FINAIS

Após a análise feita ao longo deste trabalho, é possível verificar que o Supremo Tribunal Federal possui entendimento consolidado de que: alterações no sistema jurídico de precatórios que estabeleçam condições mais flexíveis ao Poder Público no adimplemento de suas obrigações de pagar, em detrimento do cidadão credor, representam afronta a diversos Direitos Fundamentais elencados na CF/88.

Porém, as decisões analisadas não tiveram a efetividade adequada para reverter os efeitos das reformas inconstitucionais e não geraram o efeito didático necessário para evitar novas normas que recaíssem na mesma hipótese de inconstitucionalidade.

Conclui-se que os motivos para tanto sejam: 1) demora demasiada no julgamento; nos dois julgados existentes ADI 4425 e ADI 2356 a questão temporal teve grande importância da definição de seus efeitos. A demora na primeira teria justificado a necessidade de modulação de seus efeitos, dando sobrevida a

CAPÍTULO 3 – (IN)EFETIVIDADE DO DIREITO À JURISDIÇÃO PERANTE O PODER PÚBLICO DEVEDOR

uma emenda inconstitucional e suas consequências não compatíveis com nosso sistema jurídico.

Já na segunda, a demora em emitir decisão fez com que o próprio objeto da ação de esvaísse, visto que julgada após o marco temporal máximo estabelecido pela EC 30/2000 e somente em juízo perfunctório, ainda estando pendente de julgamento definitivo 23 anos após o seu ajuizamento.

Outro motivo identificado seria: 2) a não defesa ativa, pelo STF, em seus julgados de controle concentrado e difuso, de seu entendimento ainda vigente. As ações diretas não envolvendo o tema não tem suas medidas cautelares apreciadas, sendo aplicado o art. 12 da Lei 9.869/1999, o que retarda o julgamento e faz com que regras frontalmente contrárias ao entendimento da corte gerem efeitos enquanto pendentes do julgamento definitivo.

Além disso, no controle difuso, o qual é possível de ser aplicado de ofício, os integrantes da corte também não preservam o entendimento consolidado em seus precedentes ainda dominantes e aceitam, explicitamente, disposições de Emendas Constitucionais que recaem nas mesmas inconstitucionalidades por eles já debatidas em momento anterior.

Tome-se como exemplo do afirmado as decisões emitidas no MS 36375/MA e na Rcl 32878/CE, nas quais é aplicado o regime especial de pagamento de precatórios estabelecido na EC 94/2016, mesmo com o STF já tendo decidido que a criação de um regime especial de pagamento afronta cláusulas pétreas.

Logo, apesar de possuir entendimento favorável à efetivação do direito a jurisdição do cidadão/contribuinte perante o Estado devedor. Nota-se que esse entendimento não parece ser adequadamente reforçado pela corte em casos posteriores.

Com isso, o Poder Público se sente autorizado a continuar produzindo normas que flexibilizem a forma como realiza o pagamento de seus precatórios, visto que, quando estas disposições são questionadas no Poder Judiciário, a decisão supostamente desfavorável a seus intentos não gera sanções efetivas e nem impede a concretização dos efeitos de tais normas.

Regimes especiais de pagamento são inconstitucionais, mas sucessivas emendas criam e operacionalizam regimes especiais e prorrogam o prazo máximo para adimplemento das dívidas, e isso não é combatido pelo Poder Judiciário, o qual é competente e possui ferramentas jurídicas para fiscalizar e impedir isso.

Assim, a efetividade do direito a jurisdição se mostra constantemente violada e, atualmente, sem perspectiva de melhora a partir da atuação do Supremo Tribunal Federal. Mesmo que as emendas mencionadas tenham sido acompanhadas de formas alternativas de quitação dos débitos e criem alguns mecanismos que diminuam, em alguma medida, a morosidade do procedimento (RPVs, possibilidade de sequestro de valores em algumas situações) ao serem normalizados os desrespeitos aos Direitos Fundamentais tão eloquentemente enumerados pelo STF nas ADI 4425 e 2356, esse aspecto da relação entre o Poder Público e o cidadão se torna cada vez menos compatível com o Estado Democrático de Direito.

REFERÊNCIAS

BRASIL, Constituição (1988). Emenda Constitucional 30, se setembro de 2000. Disponível em: https://www.planalto.gov.br/ccivil_03/constituicao/emendas/emc/emc30.htm. Acesso em: 14 jul. 2023.

BRASIL, Constituição (1988). Emenda Constitucional 113, de 08 de dezembro de 2021. Disponível em: https://www.planalto.gov.br/ccivil_03/constituicao/emendas/emc/emc113.htm. Acesso em: 14 jul. 2023.

BRASIL, Constituição (1988). Emenda Constitucional 114, de 16 de dezembro de 2021. Disponível em: https://www.planalto.gov.br/ccivil_03/constituicao/emendas/emc/emc114.htm. Acesso em: 14 jul. 2023.

CUNHA, Leonardo Carneiro da. *Precatórios*: Atual Regime Jurídico. Rio de Janeiro: Forense, 2023.

MACHADO. Hugo de Brito. *Os direitos fundamentais do contribuinte e a efetividade da jurisdição*. Tese (Doutorado) – Curso de Direito, Universidade Federal de Pernambuco, Recife, 2009.

MACHADO, Hugo de Brito. Responsabilidade pessoal do agente público por danos ao contribuinte. *Revista Dialética de Direito Tributário*. São Paulo: Dialética, n. 95, 2003.

MACHADO SEGUNDO, Hugo de Brito. *Poder Público e Litigiosidade*. Indaiatuba: Editora Foco, 2021.

MENIN, Leonardo Catto. RODRIGUES, Diogo Luiz Cordeiro. ECs 113 e 114 podem trazer à luz o ignorado § 11 do artigo 100 da Constituição? *Conjur*, 2022. Disponível em: https://www.conjur.com.br/2022-fev-23/opiniao-ecs-113-114-11-artigo-100-constituicao. Acesso em: 14 jul. 2023.

SANDOVAL. Ana Flávia Magno. Leilão para pagamento de precatórios é inconstitucional. *Conjur*, 2012. Disponível em: https://www.conjur.com.br/2012-abr-06/leilao-pagamento-precatorios-inconstitucional-privilegia-estado. Acesso em: 14 jul. 2023.

SANTANNA, G. da S.; ALVES, R. P. O regime de precatórios e o (des)interesse (público) no seu pagamento. *Revista Digital de Direito Administrativo*, [S. l.], v. 3, n. 1, p. 217-234, 2016. DOI: 10.11606/issn.2319-0558.v3i1p217-234. Disponível em: https://www.revistas.usp.br/rdda/article/view/104506. Acesso em: 20 ago. 2023.

STF. Pleno. MS 36375/MA, Rel. Min. Marco Aurélio, julgado em 18.05.2021. Disponível em: https://portal.stf.jus.br/processos/downloadPeca.asp?id=15346754756&ext=.pdf. Acesso em: 14 jul. 2023.

STF. RCL 32878/CE. Decisão Monocrática, Rel. Min. Cármen Lúcia, julgado em 14.06.2019. Disponível em: https://portal.stf.jus.br/processos/downloadPeca.asp?id=15340416171&ext=.pdf. Acesso em: 14 jul. 2023.

STF, Pleno, ADI 5.534, Rel. Min. Dias Toffoli, DJ 12.02.2021. Disponível em: https://portal.stf.jus.br/processos/detalhe.asp?incidente=4989940. Acesso em: 14 jul. 2023.

STF, Pleno, RE 220.906, Rel. Min. Moreira Alves, DJ 14.11.2002.

STF, 1ª Turma, RE 627.242 AgR, Rel. Min Marco Aurélio, Rel. p/ acórdão Min. Luís Roberto Barroso, Dje 25.05.2017.

CAPÍTULO 3 – (IN)EFETIVIDADE DO DIREITO À JURISDIÇÃO PERANTE O PODER PÚBLICO DEVEDOR

STF, Pleno, ADI 2356MC. Disponível em: https://redir.stf.jus.br/paginadorpub/paginador. jsp?docTP=AC&docID=623127. Acesso em: 14 jul. 2023.

STF, Pleno, ADI 4425, Rel. Min. Ayres Britto, Rel. p. ac. Min. Luiz Fux, j. em 14.04.2023. Disponível em: https://redir.stf.jus.br/paginadorpub/paginador.jsp?docTP=TP&docID=5067184. Acesso em: 14 jul. 2023.

STF, Pleno, ADI 4425 Questão de Ordem, Rel. Min. Ayres Britto, Rel. p. ac. Min. Luiz Fux, j. em 25.03.2015. Disponível em: https://portal.stf.jus.br/processos/downloadPeca.asp?id=307323948&ext=.pdf. Acesso em: 14 jul. 2023.

STJ. Quarta Turma. REsp 1842613/SP, Rel. Ministro Luis Felipe Salomão, julgado em 22.03.2022, DJe 10.05.2022. Disponível em: https://www.buscadordizerodireito.com.br/jurisprudencia/ detalhes/48cb136b65a69e8c2aa22913a0d91b2f. Acesso em: 14 jul. 2023.

Capítulo 4
A TRANSAÇÃO TRIBUTÁRIA À LUZ DOS DIREITOS FUNDAMENTAIS DO CONTRIBUINTE: UMA ANÁLISE SEGUNDO O PENSAMENTO DE HUGO DE BRITO MACHADO

José Ivan Ayres Viana Filho

Doutorando e Mestre em Direito pela Universidade Federal do Ceará. Especialista em Direito, Processo e Planejamento Tributários pela Universidade de Fortaleza. Advogado.

Sumário: Introdução – 1. A visão de Hugo de Brito Machado sobre a transação tributária – 2. Direitos fundamentais e transação tributária; 2.1 Legalidade tributária e transação tributária; 2.2 Igualdade tributária e transação tributária – 3. Transação tributária e a Lei 13.988 de 2020 para Hugo de Brito Machado – Conclusão – Referências.

INTRODUÇÃO

A ideia principal deste artigo é relacionar o instituto da transação tributária com a concretização ou não dos direitos fundamentais do contribuinte, analisando-se, principalmente, a visão do jurista Hugo de Brito Machado. Este autor atravessou gerações, influenciando o pensamento sobre a tributação de muitos operadores do Direito Tributário, inclusive a do autor que ora escreve este artigo.

É bem verdade que algumas ideias que trarei neste artigo já tive a oportunidade de examinar, com posicionamentos contrários ao de Hugo de Brito Machado, como em uma monografia de término de conclusão de curso,[1] escrita há seis anos, em que o estimado professor participou da banca avaliadora. Mas isso não significa que algumas construções defendidas, nessa monografia, não devam ser alteradas com o tempo, caso venham a se mostrarem falhas. O que se pretenderá realizar talvez, no futuro, em outros trabalhos.

---

1. VIANA FILHO, José Ivan Ayres. *Transação em Matéria Tributária*: Deficiências do Projeto de Lei 5.082 à luz dos aspectos legislativos, teóricos e práticos. Monografia (Graduação em Direito), Faculdade de Direito, Universidade Federal do Ceará, Fortaleza, 2017.

De qualquer modo, este artigo, em específico, tem como objetivo, do ponto de vista descritivo, rememorar os principais argumentos que Hugo de Brito Machado defendeu ao longo de seus textos, escritos especificamente sobre transação tributária, além de posicionamentos relacionados que ele sustenta em outros trabalhos com relação a esse instituto jurídico. Há também, neste artigo, citação de outros autores discutidos na disciplina que lecionava na Universidade Federal do Ceará, denominada *Direitos Fundamentais do Contribuinte*.

Infelizmente, o professor Hugo de Brito Machado faleceu no ano de 2023, mas as suas lições sobre o Direito Tributário jamais serão esquecidas. Para se ter uma dimensão da sua obra, ele, de acordo com o seu lattes, escreveu 470 artigos e publicou 90 livros. Seus posicionamentos sempre foram firmes nos livros, nos pareceres e na docência.

Considera-se que Hugo de Brito Machado já deva ser considerado um clássico do Direito Tributário nacional, por ser capaz de ajudar a encontrar melhores soluções para os problemas atuais, oferecendo aportes originais:[2]

> Mostra disso são suas posições favoráveis à progressividade, e ao imposto sobre grandes fortunas, aliadas à defesa do direito ao planejamento tributário, e à incansável luta contra o arbítrio e o agigantamento do poder estatal, inclusive no âmbito dos crimes contra a ordem tributária, ramo em torno do qual também teve escritos repercutindo na jurisprudência, a exemplo da Súmula Vinculante 24/STF. Em poucas palavras, esta frase que gostava de repetir bem traduz sua filosofia política: "Autoridades são apenas alguns, e só durante algum tempo, enquanto cidadãos somos todos nós, e durante toda a nossa vida.[3]

No âmbito específico da transação tributária, apesar de ser um certo crítico em sua utilização discricionária por parte das autoridades fiscais, conforme se destacará neste artigo, Hugo de Brito Machado considerava o instituto aplicável ao Direito Tributário excepcionalmente, desde que a lei ordinária retirasse a discricionariedade na sua aplicação e fosse utilizado apenas para terminar litígios. Suas maiores lições sobre o assunto foram na tentativa de evitar que o instituto se tornasse um instrumento político, apto a privilegiar alguns e não outros, além da necessidade de maior transparência nos acordos celebrados.

Hugo de Brito Machado Segundo, seguindo brilhantemente os caminhos do pai, defende que não adianta transferir para o próprio Fisco a atribuição de resolver conflito, por meio da transação, por exemplo, se a cultura do litígio per-

---

2. CAMPOS, Carlos Alexandre de Azevedo; CAVALCANTE, Denise Lucena; CALIENDO, Paulo. A relevância dos clássicos. In: CAMPOS, Carlos Alexandre de Azevedo; CAVALCANTE, Denise Lucena; CALIENDO, Paulo (Coord.). *Leituras clássicas de direito tributário*. Salvador: JusPodivm, 2018, p. 25.
3. MACHADO SEGUNDO, Hugo de Brito. Obrigado, Professor Hugo de Brito Machado. *Consultor Jurídico*, São Paulo, 2023. Disponível em: https://www.conjur.com.br/2023-abr-15/hugo-machado--segundo-obrigado-professor-hugo-brito-machado. Acesso em: 04 jun. 2023.

CAPÍTULO 4 • A TRANSAÇÃO TRIBUTÁRIA À LUZ DOS DIREITOS FUNDAMENTAIS DO CONTRIBUINTE

manecer entre aquelas autoridades que veem as ilegalidades serem cometidas e são incapazes de resolverem o problema sem que o cidadão tenha que judicializar a questão. Vejamos a crítica que é feita pelo autor:

> Por outras palavras, quando um cidadão formula uma pretensão diante da Administração Pública, há grande conforto, por parte da autoridade, para negá-la, principalmente quando o seu acolhimento implicar algum "ônus" para a Administração (v.g., devolução de tributo pago indevidamente). Mas, se for o caso de deferi-la, isso só será feito se houver absoluta certeza, e normatização interna (não basta a lei) autorizando. Do contrário, o pleito será negado, até para a autoridade não ficar 'mal vista' entre os colegas. E a autoridade, ciente de que o cidadão tem razão, dirá, de forma informal, àquele que viu denegada sua pretensão: 'o Sr. Tem razão! Eu não posso reconhecer isso administrativamente 'porque tenho que me preservar', mas vá ao Judiciário que o Sr. Ganha. A jurisprudência lhe é favorável!' É essa cultura, presente na Administração Pública brasileira em geral, que faz com que as questões sejam judicializadas em excesso, em nosso país, e isso não será resolvido caso se transfira para o próprio Fisco a atribuição de resolver tais conflitos, por meio, v.g., de transação.[4]

Para Simone Anacleto Lopes, na mesma linha de Hugo de Brito Machado Segundo, antes de se buscar realizar acordos para terminar litígios, deveriam ser identificadas as reais causas que levam a uma grande litigiosidade no Brasil, como a complexidade do sistema tributário brasileiro, a deficiente redação dos diplomas legislativos, com o abuso de conceitos jurídicos indeterminados. Deveria, nesse caso, haver uma simplificação pela diminuição do número de normas, bem como o aprimoramento técnico da sua elaboração. Por fim, também sugere a ampliação de alguns serviços públicos já existentes de prestação de orientações aos contribuintes pelas Administrações Tributárias, especialmente para evitar o cometimento de erros nos lançamentos por homologação que dispensam a via administrativa.[5]

A seguir, examinar-se-á a visão geral do autor sobre o instituto da transação tributária. Em seguida, suas considerações em relação aos direitos fundamentais da legalidade e da igualdade tributária. E, por fim, suas avaliações sobre a Lei 13.988 de 2020 que buscou regular, em âmbito federal, esse instituto.

1. A VISÃO DE HUGO DE BRITO MACHADO SOBRE A TRANSAÇÃO TRIBUTÁRIA

Uma das primeiras lições de Hugo de Brito Machado era a necessidade de distinguir o que seria uma relação jurídica do que é uma relação de poder. Rela-

---

4. MACHADO SEGUNDO, Hugo de Brito. *Processo tributário*. 14. ed. Barueri [SP]: Atlas, 2022, p. 228-229.
5. LOPES, Simone Anacleto. Anteprojeto de lei geral de transação em matéria tributária: uma análise jurídica. *Revista Fórum de Direito Tributário* – RFDT, Belo Horizonte, ano 7, n. 38, p. 9-26, mar./abr. 2009.

ção jurídica é aquela que nasce, desenvolve e extingue por conta de uma norma jurídica preestabelecida. Já a relação de poder, decorrente, muitas vezes, do arbítrio, advém da vontade do poderoso.[6] A finalidade do Direito Tributário não se confundiria com a finalidade do tributo, que é suprir os cofres públicos, mas o controle do poder de tributar.[7]

James Marins ilustra que, apesar de os Estados fiscais[8] terem se desenvolvido a partir do século XVIII, foi apenas a partir da segunda década do século XX que surgiu o Direito Tributário com a fisionomia que se conhece atualmente, assentado em uma estrutura de Direito Positivo, inteiramente votada no parlamento e sob a égide do Estado de Direito, a partir da Ordenança Tributária Alemã, do ano de 1919.[9]

Hugo de Brito Machado não considera a transação como um instituto do Direito Tributário, mas "como um conceito do Direito Comercial, para designar algo colhido no campo deste para fins tributários".[10] A transação teria dois sentidos, sendo um amplo, que envolveria qualquer negócio jurídico, e outro restrito, entendido como o "acordo expresso, por meio do qual as partes, mediante concessões recíprocas, previnem a lide ou lhe põem termo".[11] Para o autor, o sentido restrito refletiria adequadamente a sua origem, derivando do latim *transactio,* "resultado da ação expressa pelo verbo *transigere*, albergando, portanto, a ideia de renúncia".[12]

A natureza jurídica da transação, para ele, seria a de contrato, por depender de atos de vontade, de forma bilateral, por meio das concessões mútuas, sobre direitos patrimoniais disponíveis. Seria essencial, para a ocorrência da transação, a transigência de ambas as partes (concessões mútuas).[13] Para ele, se entender que as manifestações de vontade do contribuinte não produzem efeitos jurídicos na relação tributária, deve-se considerar inconstitucional o artigo 171 do Código

---

6. MACHADO, Hugo de Brito. *Curso de direito constitucional tributário.* 2. ed. São Paulo: Malheiros, 2015, p. 28.
7. MACHADO, Hugo de Brito. *Curso de Direito Tributário.* 38. ed., rev., atual., ampl. São Paulo: Malheiros, 2017, p. 52.
8. Para José Casalta Nabais, o estado fiscal não seria uma novidade dos tempos contemporâneos, apesar de ser quase a regra na maioria dos países, pois é um tipo de estado cujas necessidades financeiras são essencialmente cobertas por impostos. NABAIS, José Casalta. *O dever fundamental de pagar impostos:* contributo para a compreensão constitucional do estado fiscal contemporâneo. Tese (Doutorado em Direito). Coimbra: Almedina, 2012, p. 191-192
9. MARINS, James. *Defesa e vulnerabilidade do contribuinte.* São Paulo: Dialética, 2009, p. 18-19.
10. MACHADO, Hugo de Brito. *Comentários ao Código Tributário Nacional.* 2. ed. São Paulo: Atlas, 2018, v. III, p. 482
11. NUNES, Pedro. *Dicionário de tecnologia jurídica.* Rio de Janeiro/São Paulo: Freitas Bastos, 1974, v. II, p. 1196.
12. MACHADO, Hugo de Brito. *Comentários ao Código Tributário Nacional.* 2. ed. São Paulo: Atlas, 2018, v. III, p. 475-476.
13. MACHADO, Hugo de Brito; MACHADO SEGUNDO, Hugo de Brito. *Transação em matéria tributária:* limites e inconstitucionalidades. Brasília: Tributação em Revista, 2010, p. 17.

Tributário Nacional (CTN).[14] No entanto, ele admite a constitucionalidade desse dispositivo apenas para terminar o litígio (não para preveni-lo)[15] e apenas se a lei ordinária instituidora afastar a discricionariedade na cobrança.[16]

Haveria apenas uma aparente antinomia entre o artigo 3º do CTN, que menciona que a prestação tributária deveria ser cobrada mediante atividade administrativa plenamente vinculada, e o seu artigo 171, resolvendo-se essa antinomia pelo critério da especialidade, aplicável apenas aos casos e nas condições que a lei estabelecesse, sendo uma exceção à prescrição genérica.[17] Defende, portanto, a resolução da aparente antinomia, de acordo com determinadas condições excepcionais. Mas afirma a incompatibilidade dos dispositivos se tornar a atividade de cobrança discricionária:

> 2ª Pergunta – O instituto da transação tributária é compatível com a definição legal de tributo, albergada pelo art. 3º do Código Tributário Nacional, especialmente no que esse dispositivo estabelece que o tributo é cobrado mediante atividade administrativa plenamente vinculada?
>
> Resposta: Evidentemente não. Com o instituto da transação tributária, como está nos projetos em exame neste parecer, a autoridade administrativa poderá agir com 'maleabilidade'. O Tributo deixará de ser cobrado mediante atividade administrativa plenamente vinculada e a discricionariedade conferida à Administração Tributária, além de ser contrária ao princípio da legalidade, dá espaço para a prática de corrupção que agride o interesse público. Essa 'maleabilidade', ainda que não seja utilizada para a prática de corrupção, poderá transformar o tributo em instrumento político, com a redução de ônus em troca de apoio ao governo.[18]

O litígio para Hugo de Brito Machado, requisito essencial para a caracterização da transação no CTN, necessita da instauração da lide, caracterizada pela ocorrência de uma pretensão formulada por uma parte e resistida, em juízo, pela outra. O autor, a respeito desse ponto, alterou seu posicionamento[19] para compreender que a discussão administrativa não revelaria o litígio ainda, pois "enquanto

---

14. MACHADO, Hugo de Brito. *Comentários ao Código Tributário Nacional*. 2. ed. São Paulo: Atlas, 2018, v. III, p. 491.
15. MACHADO, Hugo de Brito; MACHADO SEGUNDO, Hugo de Brito. *Transação em matéria tributária*: limites e inconstitucionalidades. Brasília: Tributação em Revista, 2010, p. 17.
16. MACHADO, Hugo de Brito. *Comentários ao Código Tributário nacional*. 2. ed. São Paulo: Atlas, 2018, v. III, p. 480.
17. MACHADO, Hugo de Brito. *Comentários ao Código Tributário Nacional*. 2. ed. São Paulo: Atlas, 2018, v. III, p. 479-480.
18. MACHADO, Hugo de Brito; MACHADO SEGUNDO, Hugo de Brito. *Consulta UNAFISCO*. Disponível em: http://www.sindifisconacional.org.br/mod_download.php?id=L2ltYWdlcy9lc3R1ZG-9zL3BhcmVjZXIvUGFyZWNlckh1Z29kZUJyaXRvTEdULnBkZnww. Acesso em: 10 jun. 2016. Cf. GERABA, Gabriel Ulhôa Canto. *Arbitragem e transação no âmbito do Direito Tributário*. Monografia (Especialização em Direito), Instituto de Ensino e Pesquisa, Curso de LL.M em Direito Tributário, São Paulo, 2016, p. 20.
19. Ele havia exposto a ideia de que seria desnecessária a ação judicial para a existência do litígio neste trabalho: MACHADO, Hugo de Brito. Transação e arbitragem no âmbito tributário. *Revista Fórum de Direito Tributário*, Belo Horizonte: Fórum, [S.I.], ano 5, n. 28, jul./ago. 2007.

a própria Administração examina a legalidade da cobrança que pretende fazer, não existe pretensão desta, em sentido jurídico, a ensejar a lide".[20]

Segundo Paulo Henrique Figueiredo, o objetivo primeiro da transação seria extinguir a própria incerteza quanto à relação jurídica, desaparecendo a própria lide e não, necessariamente, a relação ensejadora das pretensões contrapostas.[21] Hugo de Brito Machado, por sua vez, ministra que "[...] a transação, embora arrolada como causa de extinção do crédito tributário, a rigor e ao menos ordinariamente não o extingue":

> É razoável, todavia, dizer-se que a transação extingue o crédito tributário na parte em que a Fazenda abriu mão, concedeu. E pode ocorrer que um crédito tributário seja, por inteiro, dispensado pela Fazenda, contra o pagamento de outro crédito tributário também em questionamento. A Fazenda estaria abrindo mão do seu direito de insistir na cobrança de um e o contribuinte estaria abrindo mão do seu direito de questionar a exigência do outro. Isto justifica a inclusão da transação como causa de extinção do crédito tributário.[22]

Com base na visão de Hugo de Brito Machado sobre a transação tributária, será tratada, a seguir, as suas teses sobre esse instituto com relação aos direitos fundamentais do contribuinte, especialmente o da legalidade e o da igualdade tributária.

2. DIREITOS FUNDAMENTAIS E TRANSAÇÃO TRIBUTÁRIA

Para Paul Kirchhof, atualmente, o direito constitucional e a defesa dos direitos fundamentais são "[...] importantes em face do poder estatal de tributar, uma vez que o Estado o exerce com especial potência e, até agora, exerce-o na ausência de uma disciplina jurídico constitucional." Segundo esse autor, haveria a necessidade, para haver tributo, do seu respeito ao direito constitucional e da existência do seu fundamento de imposição, justificado de forma compreensível por parte do legislador, a fim de garantir a liberdade e a igualdade ao contribuinte.[23]

Hugo de Brito Machado, em sua tese de Doutorado, expõe o que entende por direitos fundamentais do contribuinte que, segundo ele, são aplicáveis tanto

---

20. MACHADO, Hugo de Brito; MACHADO, Shubert de Farias. A transação e o princípio da legalidade. In: SARAIVA FILHO, Olwaldo Othon de Pontes (Coord.). *Transação tributária*: homenagem ao jurista Sacha Calmon Navarro Coelho. Belo Horizonte: Fórum, 2022, p. 139. MACHADO, Hugo de Brito. Confissão e transação no direito tributário. *Revista Dialética de Direito Tributário*, São Paulo, n. 159, p. 37-38. 2008.

21. FIGUEIREDO, Paulo Henrique. *A transação tributária*. Edições Bagaço/Instituto do Ministério Público do Estado de Pernambuco, Recife, 2004, p. 128-129.

22. MACHADO, Hugo de Brito. *Comentários ao Código Tributário Nacional*. 2. ed. São Paulo: Atlas, 2018, v. III, p. 484-485.

23. KIRCHHOF, Paul. *Tributação no Estado Constitucional*. Trad. Paulo Adamy. São Paulo: Quartier Latin, 2016, p. 17.

CAPÍTULO 4 • A TRANSAÇÃO TRIBUTÁRIA À LUZ DOS DIREITOS FUNDAMENTAIS DO CONTRIBUINTE **61**

às pessoas físicas (contribuintes de fato) quanto às pessoas jurídicas. Para o autor, não haveria direitos fundamentais absolutos, sendo que o direito fundamental só comporta relativização se houver outro direito fundamental, previsto na Constituição, que com ele colida ou se houver restrição pela via legal. Desse modo, jamais um aplicador da lei poderia impor restrições a um direito fundamental pela via da interpretação. Se não houver lei restringindo, a interpretação do direito fundamental deve ser a mais ampla possível.[24]

Importante mencionar que, para ele, uma lei ordinária (*v.g.* lei ordinária de transação tributária) apenas poderia delimitar o direito fundamental até certo ponto, não podendo invalidar o seu núcleo duro, estabelecendo, por exemplo, disciplina que o anulasse por completo. Nem poderia formular exceções de forma a não existir mais tal direito fundamental. Nem mesmo por emenda à Constituição se permitiria essas mitigações, já que haveria cláusulas pétreas, impedindo tais alterações.[25]

Por isso, importante verificar, a seguir, como Hugo de Brito Machado compreende os direitos fundamentais da legalidade e da igualdade, em que a lei ordinária de transação tributária, para ele, não poderia relativizá-los em seus núcleos duros.

2.1 Legalidade tributária e transação tributária

A norma legal, como se sabe, geralmente tem como características a generalidade (dirige-se a uma classe de pessoas) e a abstração (regula uma classe de ações), apesar dessa afirmação ser mais ideológica (tornar o ordenamento jurídico ótimo) do que real.[26] Para Humberto Ávila, a generalidade da lei não é um problema, mas a tentativa de sua individualização constante, com o objetivo de tratar cada pessoa diferentemente, gerando-se uma dificuldade enorme para que

---

24. MACHADO, Hugo de Brito. *Os direitos fundamentais do contribuinte e a efetividade da jurisdição*. Tese (Doutorado em Direito), Universidade Federal de Pernambuco, 2009, p. 26-40.

25. MACHADO, Hugo de Brito. *Os direitos fundamentais do contribuinte e a efetividade da jurisdição*. Tese (Doutorado em Direito), Universidade Federal de Pernambuco, 2009, p. 28.

26. Noberto Bobbio explica isso afirmando que a generalidade deve ser contraposta à noção de comandos (prescrições para destinatários determinados), que seriam normas individuais. Busca a generalidade alcançar a igualdade ("a lei é igual para todos"), uma vez que a norma individual poderia ser encarada como um privilégio, o que o autor não concorda em todos os casos. Já a abstração buscaria atingir o valor certeza, de modo que haja a previsibilidade pelo cidadão das consequências das suas ações. As normas legais, segundo ele, podem ser também gerais e concretas, além de individuais e abstratas. BOBBIO, Noberto. *Teoria da norma jurídica*. Bauru, SP: EDIPRO, 2001, p. 180-183. Celso Antônio Bandeira de Mello critica esse entendimento de Bobbio quando ensina que toda regra abstrata é simultaneamente geral, pois apanha sempre, embora, às vezes, intertemporalmente, uma categoria de pessoas. Desta feita, "o equívoco do eminente jusfilósofo, ao admitir norma, a um só tempo, *abstrata* e *individual* [...] deveu-se a que confundiu, *data vênia*, 'abstração' com 'eficácia continuada' de atos individuais". BANDEIRA DE MELLO, Celso Antônio. *Conteúdo jurídico do princípio da igualdade*. 3. ed. São Paulo: Malheiros, 2003, p. 28.

ela seja aplicável a todos, tendo em vista que, muitas vezes, provoca o efeito de criar uma dificuldade de entendimento das suas regras excepcionais. Isso acarreta uma dificuldade de implementação da isonomia, pois, na prática, as leis não serão aplicadas de forma uniforme e correta. Ademais, uma particularidade que diga respeito a apenas uma pessoa, mas que não seja dividida com mais ninguém, não pode ser caracterizada como um direito, já que este pressupõe que seja passível de generalização.[27]

Para Schoueri, a legalidade pode ser analisada como regra ou como princípio. Pela regra, "[...] a presença do antecedente (inexistência de lei instituindo o tributo) impõe, de forma obrigatória, a caracterização do seu consequente (inconstitucionalidade do tributo), se não se estiver num dos casos em que o próprio constituinte excepcionou a regra." Pelo princípio, "[...] o legislador deve descrever, com a maior precisão possível, as circunstâncias que darão ensejo à tributação".[28] Desse modo, de acordo com ele, "[...] a relativização da regra é matéria que não pode fazer, sem que antes se declare inválida a própria regra".[29]

Antes de adentrar sobre como Hugo de Brito Machado compreende a legalidade, deve-se mencionar que esse autor preza muito pela utilização dos conceitos na Teoria do Direito Tributário, pois "[...] o direito tributário, só será conhecido se dispusermos de um corpo sistematizado de conceitos, vale dizer, de uma teoria, que nos permita esse conhecimento".[30] Essa tomada de posição sobre a utilização dos conceitos é importante de ser mencionada, porquanto para outros autores, no Direito Tributário seria possível a utilização também dos tipos.

Hugo de Brito Machado Segundo, com base no exemplo do que seria a "zona urbana", pelo art. 32 do CTN, para fins de incidência do Imposto Predial e Territorial Urbano, define-a como um "tipo", pois caso "[...] se tratasse de um conceito fechado, haveria um rol de características que, tal como um *check-list*, deveriam estar todas presentes. Ausente apenas uma, não poderia haver a subsunção da realidade ao conceito [...]". Em conformidade com o mesmo autor, todas as palavras são ferramentas da linguagem natural, havendo uma textura aberta que lhes é insuprimível. Só a luz do contexto é que se poderia reduzir a vagueza e a ambiguidade que carregam.[31]

---

27. ÁVILA, Humberto. *Teoria da igualdade tributária*. São Paulo: Malheiros, 2008, p. 115-117.
28. SCHOUERI, Luís Eduardo; FERREIRA, Diogo Olm; LUZ, Victor Lyra Guimarães. *Legalidade tributária e o Supremo Tribunal Federal*: uma análise sob a ótica do RE 1.043.313 e da ADI 5.277. São Paulo: IBDT, 2021, p. 23-24.
29. SCHOUERI, Luís Eduardo; FERREIRA, Diogo Olm; LUZ, Victor Lyra Guimarães. *Legalidade tributária e o Supremo Tribunal Federal*: uma análise sob a ótica do RE 1.043.313 e da ADI 5.277. São Paulo: IBDT, 2021, p. 26.
30. MACHADO. Hugo de Brito. *Introdução ao planejamento tributário*. São Paulo: Malheiros, 2014, p. 11.
31. MACHADO SEGUNDO, Hugo de Brito. Regras de Competência e a Textura Aberta da Linguagem Natural. *IBDT, Revista de Direito Tributário Atual*, São Paulo, n. 50, ano 40, p. 185-186; 197. 2022.

CAPÍTULO 4 • A TRANSAÇÃO TRIBUTÁRIA À LUZ DOS DIREITOS FUNDAMENTAIS DO CONTRIBUINTE **63**

Misabel Abreu Machado Dercy, por exemplo, expressa que o pensamento tipológico não teria uma boa adequação à ciência do Direito Tributário e do Direito Penal, disciplinas jurídicas em que o lugar reservado aos tipos seria bastante reduzido, sendo uma ideia revolucionária, no entanto, apenas no sentido técnico-formal.[32] Para a autora, apesar das distintas concepções sobre o que seria o tipo, "[...] o núcleo de sentido comum é ser uma abstração generalizadora que abandona as diferenças individuais – um padrão. É sentido não técnico, portanto, mas extraído desses diferentes usos da palavra tipo".[33]

Um uso distinto do que seria 'tipo' é demonstrado no Direito Tributário para revelar os parâmetros criados pela Administração com a intenção de aplicar a lei, embora com lesão ao princípio da legalidade estrita (execução simplificadora da lei), levando em consideração a média dos casos e desprezando as individualidades do acontecimento isolado.[34] Em tese de Doutorado sobre o assunto, Raquel Cavalcanti Ramos Machado, com base numa interpretação equivocada que alguns fazem da obra de Karl Larenz, que distinguia, inicialmente, os tipos abertos dos tipos fechados, passando depois a considerar existente apenas os tipos abertos, explica que "[...] no Brasil geralmente se utiliza o termo *tipo* associando-o à chamada tipicidade cerrada, ou seja, à exigência de que o texto normativo detalhe com exaustão todos os elementos necessários à sua incidência".[35]

Hugo de Brito Machado, citando o principal autor que defende a ideia de tipicidade fechada no Brasil, que é o Alberto Xavier,[36] apesar de reconhecer a presença de concepções diversas em sua tese,[37] defende a existência, no Direito Tributário,

---

32. DERZI, Misabel Abreu Machado. *Direito Tributário, Direito Penal e tipo*. 4. ed. Belo Horizonte: Fórum, 2021, p. 34.
33. DERZI, Misabel Abreu Machado. Tipo ou conceito no Direito Tributário? *Revista da Faculdade de Direito da Universidade Federal de Minas Gerais*, Belo Horizonte, n. 30-31, p. 223. 1988.
34. DERZI, Misabel Abreu Machado. Tipo ou conceito no Direito Tributário? *Revista da Faculdade de Direito da Universidade Federal de Minas Gerais*, Belo Horizonte, n. 30-31, p. 222. 1988.
35. MACHADO, Raquel Cavalcanti Ramos. *Competência tributária*: entre a rigidez do sistema e a atualização interpretativa. Tese (Doutorado na área de Direito Econômico, Financeiro e Tributário; subárea de Direito Tributário), Faculdade de Direito, Departamento de Direito Econômico, Financeiro e Tributário da Faculdade de Direito, Universidade de São Paulo, 2013, p. 76-77.
36. Sobre a "tipicidade cerrada" no Direito Tributário, "O princípio da tipicidade não é, ao contrário do que já uns sustentaram, um princípio autônomo do da legalidade; antes *é a expressão mesma deste princípio quando se manifesta na forma de uma reserva absoluta de lei*, ou seja, sempre que se encontra construído por estritas considerações de segurança jurídica." XAVIER, Alberto. *Os princípios da legalidade e da tipicidade da tributação*. São Paulo: Ed. RT, 1978, p. 69-70. Uma passagem que Hugo de Brito Machado cita de outra obra de Alberto Xavier é a seguinte: "A exigência de 'reserva absoluta' transforma a lei tributária em *lex stricta* (princípio da estrita legalidade), que fornece não apenas o fim, mas também o conteúdo da decisão do caso concreto, o qual se obtém por mera dedução da própria lei, limitando-se o órgão de aplicação a subsumir o fato na norma, independentemente de qualquer valoração pessoal." XAVIER, Alberto. *Tipicidade da tributação, simulação e norma antielisiva*. São Paulo: Dialética, 2001, p. 17-18.
37. MACHADO, Hugo de Brito. *Os direitos fundamentais do contribuinte e a efetividade da jurisdição*. Tese (Doutorado em Direito), Universidade Federal de Pernambuco, 2009, p. 58.

de uma *reserva absoluta de lei tributária*. A legalidade, nesse ramo jurídico, seria muito mais ampla que o princípio geral da legalidade, não admitindo qualquer ponderação com outros princípios e não abrindo margem para atos discricionários na atividade de lançamento e de cobrança do tributo.[38] Para o autor, ademais, as obrigações tributárias só poderiam ter três fontes imediatas: "[...] a) as contratuais, ou *ex voluntate*; b) as legais ou *ex lege*; e c) as sanções, ou decorrentes de atos ilícitos. [...] Entre as obrigações legais, ou *ex lege*, está a obrigação tributária".[39]

Por fim, conforme Hugo de Brito Machado, o princípio da legalidade tributária, a fim de que seja uma garantia efetiva aos direitos fundamentais do contribuinte, precisa que a lei seja entendida em sentido restrito de ser tanto lei em sentido formal, seguindo os procedimentos estabelecidos pela Constituição, como lei em sentido material, que "é o ato jurídico de caráter *hipotético*, simples previsão, ou modelo de conduta, que a doutrina tradicional afirma ser dotado de *abstratividade e generalidade*".[40]

A importância de conhecer a concepção de legalidade tributária de Hugo de Brito Machado é que se passa a entender melhor algumas das suas ideias sobre a transação tributária. Por exemplo, para ele, o fato de a obrigação tributária ser *ex lege* afasta da relação tributária a ideia de contrato, pois esse tipo de obrigação nasceria independentemente de qualquer manifestação de vontade, inclusive quando se desconhece a possibilidade de seu nascimento. Com isso, há um caráter excepcional na utilização da transação tributária, apenas sendo possível de utilização diante de autorização legal específica e diante da existência de litígio formalmente caracterizado (lide).[41]

Após essas considerações sobre a legalidade, passa-se, em seguida, a análise ao direito fundamental da igualdade tributária, em conformidade com o pensamento de Hugo de Brito Machado, especialmente com relação à aplicação desse direito fundamental na transação tributária.

---

38. MACHADO, Hugo de Brito; MACHADO, Shubert de Farias. A transação e o princípio da legalidade. SARAIVA FILHO, Olwaldo Othon de Pontes (Coord.). *Transação tributária*: homenagem ao jurista Sacha Calmon Navarro Coelho. Belo Horizonte: Fórum, 2022, p. 139. MACHADO, Hugo de Brito. Confissão e transação no direito tributário. *Revista Dialética de Direito Tributário*, São Paulo, n. 159, p. 134. 2008.
39. MACHADO, Hugo de Brito; MACHADO, Shubert de Farias. A transação e o princípio da legalidade. In: SARAIVA FILHO, Olwaldo Othon de Pontes (Coord.). *Transação tributária*: homenagem ao jurista Sacha Calmon Navarro Coelho. Belo Horizonte: Fórum, 2022, p. 139. MACHADO, Hugo de Brito. Confissão e transação no direito tributário. *Revista Dialética de Direito Tributário*, São Paulo: n. 159, p. 134-136. 2008.
40. MACHADO, Hugo de Brito. *Os direitos fundamentais do contribuinte e a efetividade da jurisdição*. Tese (Doutorado em Direito), Universidade Federal de Pernambuco, 2009, p. 55-56.
41. MACHADO, Hugo de Brito; MACHADO, Shubert de Farias. A transação e o princípio da legalidade. In: SARAIVA FILHO, Olwaldo Othon de Pontes (Coord.). *Transação tributária*: homenagem ao jurista Sacha Calmon Navarro Coelho. Belo Horizonte: Fórum, 2022, p. 136-139.

CAPÍTULO 4 • A TRANSAÇÃO TRIBUTÁRIA À LUZ DOS DIREITOS FUNDAMENTAIS DO CONTRIBUINTE | 65

2.2   Igualdade tributária e transação tributária

A igualdade deriva da ideia de justiça, que é encontrada pelo seu contrário, ou seja, diante de um caso concreto que produza sentimento de indignação. Isto é, diante da injustiça, levando, muitas vezes, o legislador, abstratamente, a buscar formas de equalizar essa situação pelo princípio da igualdade ou ao julgador pelo princípio da equidade. Outrossim, quando se entende os processos mentais, muitas vezes automáticos, envolvidos na tomada de decisão, além do papel das emoções nesses processos decisórios, pode-se melhorá-los pela qualificação desse processo decisório, acrescentando a ele um valor ou uma qualidade de justiça. Ocorre que existem várias concepções do que seria justiça, o que torna essencial ao tomador de decisão saber qual ele adota, pois, muitas vezes, a Constituição de seu país não será tão explícita sobre qual concepção teria adotado, apesar de ser esta a que deveria prevalecer ao se decidir juridicamente.

As concepções de justiça são analisadas do ponto de vista macro ou coletivo, em que se almeja alcançar uma sociedade melhor, como fizeram autores como Aristóteles, Jeramy Bentham, John Rawls e Alasdair MacIntyre. Mas é possível também buscar a justiça de um ponto de vista micro, como realizaram Celso Antônio Bandeira de Mello, Humberto Ávila e Klaus Tipke ao definirem o princípio da igualdade tributária.

Pela doutrina de Celso Antônio Bandeira de Mello, haverá ofensa ao princípio da igualdade nessas situações: I – a norma singularizar determinado destinatário, devendo, ao contrário, abranger uma categoria de pessoas, ou uma pessoa futura e indeterminada; II – a norma adotar, para desequiparar, critério não observável nos fatos, nas situações ou nas pessoas; III – dar a norma tratamento diferenciado sem relação de pertinência lógica, acarretando invalidade da regra; IV – atentar o *discrímen*, realizado pela norma, aos interesses prestigiados constitucionalmente; V – e, por fim, extrair distinções que a norma não comporta, ainda que por via implícita.[42]

Segundo Humberto Ávila, a finalidade[43] da diferenciação é buscar um estado de fato que precisa ser atingido, devendo ela estar mencionada na Constituição, sem ambiguidade ou contradição, pois, caso assim não seja, impedir-se-á a relação fundada e conjugada entre ela e a sua medida de comparação. No Direito Tribu-

---

42. BANDEIRA DE MELLO, Celso Antônio. *Conteúdo jurídico do princípio da igualdade*. 3. ed. São Paulo: Malheiros, 2003, p. 37; 39; 47-48.

43. Humberto Ávila se refere à finalidade legal de modo sistemático-teleológico, não relacionando com a vontade subjetiva do legislador (elemento genético-subjetivo). ÁVILA, Humberto. *Teoria da igualdade tributária*. São Paulo: Malheiros, 2008, p. 71. Para entender um pouco isso, cita-se aqui Paulo Bonavides ao ensinar que o sentido objetivo-teleológico da vontade da lei não observa a sua origem histórica, tendo um caráter progressista, em contraste ao caráter subjetivo da vontade do legislador. BONAVIDES, Paulo. *Curso de direito constitucional*. 30. ed. São Paulo: Malheiros, 2015, p. 463-465.

tário, a finalidade poderá ser a fiscal (*fim interno* – aumentar a arrecadação) ou extrafiscal (*fim* externo – buscar atingir um estado autônomo de coisas).[44] Isto é reafirmado também por Klaus Tipke[45] quando destaca que o princípio da igualdade, derivado da noção de justiça, deveria ser entendida da seguinte maneira:

> [...] justiça por meio de tratamento isonômico; tratamento isonômico segundo um critério adequado à matéria; justiça social-tributação socialmente justa com base num princípio adequado à matéria, que somente pode ser sacrificado por princípios de mesmo valor. [...]
>
> O princípio da igualdade é, assim, neste sentido, um "cheque em branco", na medida em que ele mesmo não fornece esse critério. Desde que a Constituição ou a lei pertinente não mencionem expressamente o critério de comparação, este deve ser extraído por indução dos dispositivos legais. Se com base no critério de comparação resultar em tratamento desigual, deve ser respondido se esse tratamento desigual é justificado. Para tanto, considerando o alto nível de justiça num Estado de Direito, não é suficiente qualquer motivo objetivo, mas deve ocorrer uma ponderação de valores entre o princípio que serve de critério de comparação e o princípio que fundamenta a norma, a qual não observa o critério de comparação e, consequentemente, determina o tratamento desigual.[46]

Hugo de Brito Machado Segundo, ao estudar a extrafiscalidade, informa que o estudo do Direito Tributário, nos últimos anos, empobreceu-se, pois se concentrou em temas como a estrutura da norma jurídica, sua relação com outras normas jurídicas, dentro de uma ordem jurídica, além da sua dinâmica de incidência. Divorciou-se, portanto, do estudo das finalidades que se pretendeu alcançar. Para ele, com base em Jacques Malherbe, conclui que "o incentivo fiscal concedido a quem já adotaria a conduta incentivada de uma forma ou de outra, quando implica renúncia de receita, além de ineficiente, é contrário, também, à igualdade. Consoante o autor, portanto, "o incentivo somente será eficiente se a 'renúncia de receita' por ele causada corresponder à exata quantia necessária à alteração do comportamento do agente econômico na direção desejada".[47]

Sobre o viés da igualdade geral (ou coletiva) e individual, Humberto Ávila propõe um *modelo de igualdade particular procedimentalizada*: o contribuinte deve ser tratado de forma diferente quando se diferenciar dos demais. Mas, se for impossível ou extremamente onerosa a fiscalização, as particularidades não poderão ser adequadamente consideradas pelas autoridades fazendárias. O modelo particularista, contudo, não é abandonado, pois permite um contraponto à generalização, por meio das cláusulas de retorno ao modelo particularista, contanto que não frustre o alcance

---

44. ÁVILA, Humberto. *Teoria da igualdade tributária*. São Paulo: Malheiros, 2008, p. 63-72.
45. TIPKE, Klaus; YAMASHITA, Douglas. *Justiça fiscal e princípio da capacidade contributiva*. São Paulo: Malheiros, 2002, p. 21.
46. TIPKE, Klaus; YAMASHITA, Douglas. *Justiça fiscal e princípio da capacidade contributiva*. São Paulo: Malheiros, 2002, p. 22; 23.
47. MACHADO SEGUNDO, Hugo de Brito. Ciência do Direito Tributário, economia comportamental e extrafiscalidade. *Revista Brasileira de Políticas Públicas*, v. 8, p. 640-659, 2018.

CAPÍTULO 4 • A TRANSAÇÃO TRIBUTÁRIA À LUZ DOS DIREITOS FUNDAMENTAIS DO CONTRIBUINTE **67**

da finalidade substancial do padrão, mormente em virtude da pouca probabilidade de ocorrer situação similar no futuro.[48]

Por esses modelos de igualdade mencionados por Hugo de Brito Machado Segundo e Humberto Ávila, pode-se defender que se a transação tributária for concedida quando o contribuinte fosse adimplir o crédito tributário de qualquer forma, não se alcançaria a igualdade tributária. Os critérios utilizados para se conseguir transacionar e extinguir litígios deveriam, abstratamente, serem relevantes e justificáveis para se conseguir alterar o comportamento do devedor, a ponto de fazê-lo se regularizar como, utilizando por critério de diferenciação, a sua capacidade de pagamento. Os parcelamentos anteriores que previam concessões fixas, portanto, não seriam tão adequados para permitir uma melhor análise individual de cada contribuinte. A transação tributária individual, por conseguinte, seria uma cláusula de retorno ao modelo particularista para se tentar resolver determinado litígio.

Entendendo de forma diversa, Simone Anacleto Lopes, ao criticar um projeto de lei antigo que pretendia regulamentar a transação tributária em âmbito federal, defende, por exemplo, que definições claras, mesmo que rígidas, seriam preferíveis a outras que se pautassem por critérios subjetivos, variáveis e concentrados em um agente político. Com isso, as diferenças entre um empresário e outro decorreriam da maior ou menor eficiência econômica e não, propriamente, do agrado a esse agente político que tem o poder de tributar.[49] Da mesma forma, Hugo de Brito Machado compreende que, caso a transação tributária seja utilizada de forma a transformar a atividade plenamente vinculada numa atividade discricionária, possibilitando às autoridades administrativas certa maleabilidade para negociar o tributo, fará com que este passe a ser um instrumento político: "Para os *correligionários*, todas as benesses, e para os adversários, todos os ônus".[50]

Quanto à concepção de igualdade tributária, de acordo com Hugo de Brito Machado, "[...] para ser justa a lei deve colocar as partes, fisco e contribuinte, em posição de igualdade." Segundo ele, ainda, o tratamento isonômico seria um direito fundamental do contribuinte oponível ao Estado, "[...] que deve atendê-lo no exercício de suas três funções, a saber, no exercício da *legislação*, da *administração* e da *jurisdição*".[51]

---

48. ÁVILA, Humberto. *Teoria da igualdade tributária*. São Paulo: Malheiros, 2008, p. 78; 79; 85.
49. LOPES, Simone Anacleto. Projeto de lei geral de transação em matéria tributária: análise das consequências políticas e econômicas. *Tributação em Revista*, Brasília, n. 56, p. 36, jan./jun. 2010.
50. MACHADO, Hugo de Brito; MACHADO SEGUNDO, Hugo de Brito. Transação em matéria tributária: limites e inconstitucionalidades. *Tributação em Revista*, Brasília, p. 21, 2010.
51. MACHADO, Hugo de Brito. *Direitos Fundamentais do Contribuinte e a Efetividade da Jurisdição*. São Paulo: Atlas, 2010, p. 24; 99.

Em relação à sua concepção de igualdade tributária, com relação à transação tributária, ele defende que sua utilização seria inconstitucional se deixar de ser impessoal, de acordo com o art. 37 da Constituição, pois seria vedado às pessoas jurídicas preverem tratamento desigual entre contribuintes que se encontrassem em situação equivalente. Assim o fazendo, no entanto, a Fazenda estará concedendo ao contribuinte que transige um tratamento diferenciado ou desigual.

A transação tributária só poderia ser realizada, excepcionalmente, portanto, diante de atuações vinculadas por parte das autoridades administrativas.[52] Para ele, por exemplo, a transação tributária poderia ser utilizada, de forma excepcional, em uma execução fiscal, para extinguir um litígio, mas essa mesma oportunidade, pelo princípio da igualdade tributária, deveria ser concedida a todo contribuinte que estivesse nas mesmas condições.

3. TRANSAÇÃO TRIBUTÁRIA E A LEI 13.988 DE 2020 PARA HUGO DE BRITO MACHADO

Diz-se que a Lei 13.988 de 2020 buscou implantar o modelo de transação tributária dos Estados Unidos da América. Neste país, aceita-se tanto a transação tributária (*settlement of tax dispute*) quanto a arbitragem (*alternative dispute resolution*). A doutrina aponta dois tipos de transação tributária no direito norte-americano: os acordos conclusivos (*closing agréments*), que conferem competência à autoridade para realizar acordo por escrito com o contribuinte; e as ofertas de compromisso (*offers in compromisse*), com maior formalidade, por envolver dispensa em relação ao tributo devido, inclusive em matéria penal. Há ainda a proposta qualificada (*qualified offer*), em que se o contribuinte cumprir certos requisitos, o Fisco não poderá rejeitar a sua proposta de transação. Tanto pelos acordos conclusivos quanto pelas ofertas de compromisso, há um juízo discricionário, com base na conveniência ou oportunidade para o fisco aceitar ou não a transação tributária.[53] É esse modelo discricionário, inclusive, que Hugo de Brito Machado critica na utilização da transação tributária, de acordo com o Código Tributário Nacional, que prevê um modelo vinculado de cobrança e de não cobrança dos créditos tributários.

Hugo de Brito Machado nos seus "Comentários ao Código Tributário Nacional", de 2009, chega a cogitar a implantação da transação tributária no Brasil, após tomar contato com Pedro Herrera Molina que, em 2004, palestrou na 6ª Seção Técnica do Congresso Ibero-Americano de Direito Tributário, realizado em Fortaleza, sobre a recente introdução, naquela época, desse instituto na Espanha.

---

52. MACHADO, Hugo de Brito; MACHADO SEGUNDO, Hugo de Brito. Transação em matéria tributária: limites e inconstitucionalidades. *Tributação em Revista*, Brasília, p. 20-21. 2010.

53. FERNANDES, Tarsila Ribeiro Marques. *Transação tributária*: o direito brasileiro e a eficácia da recuperação do crédito público à luz do modelo norte-americano. Curitiba: Juruá, 2014, p. 62-65.

Haveria, para Hugo, situações em que, na prática brasileira, a transação tributária já ocorreria, mesmo sem ilicitude, como no caso da autoridade fiscal que negocia com o contribuinte o valor a ser atribuído ao imóvel para incidir o Imposto de Transmissão de Bens Imóveis. A corrupção, para ele, também existiria na fórmula legalista, podendo-se sustentar, inclusive, que a corrupção seria reduzida com o acordo, legalmente previsto, se tudo fosse transparente. Apesar de ele defender a transação, recentemente, apenas para terminar o litígio, de acordo com o CTN, nessa obra defendeu também para prevenir litígios e reduzir o número exagerado de processos.[54] As vantagens, para ele, seriam as seguintes:

> Para o Estado encurtamento do prazo para a entrada de recursos financeiros e pela redução do custo operacional dos órgãos de julgamento. E para o contribuinte com a eliminação de pendências que se arrastam por longos anos degradando a segurança de que necessitam para o desempenho de suas atividades normais e com a eliminação dos custos que tais pendências implicam.

Por meio da Lei 13.988 de 2020, que regulamentou a transação tributária em âmbito federal, segundo a Procuradoria Geral da Fazenda Nacional, permitiu-se a regularização de R$ 404,3 bilhões em débitos, responsável por quase um terço de toda a recuperação da dívida ativa. R$ 39,1 bilhões em dívidas com a União e com o FGTS voltaram para o erário, sendo R$ 14,1 bilhões por meio dos acordos consensuais. Desse modo, "a transação demonstrou eficácia não somente para a recuperação do crédito, mas também como mecanismo de resolução de contenciosos intermináveis e dispendiosos para o contribuinte e para a União".[55]

Há a crítica de Eurico Marcos Diniz de Santi, no entanto, de que essa prática poderia inviabilizar o orçamento do Governo sucessor pela antecipação da programação de recebimento de receitas derivadas.[56] De qualquer modo, para Hugo de Brito Machado, a transação tributária não implica renúncia de receita, de forma a atrair a sistemática do art. 14 da Lei de Responsabilidade Fiscal, por esse instituto possuir características próprias, como a bilateralidade, com razoável justificação para a sua realização, se ocorrer de acordo com o modelo vinculado do art. 171 do CTN e com os pressupostos que elenca (dúvida quanto à pretensão e quanto à existência do litígio):[57]

---

54. MACHADO, Hugo de Brito. *Comentários ao Código Tributário Nacional*. 2. ed. São Paulo: Atlas, 2018, v. III, p. 493-494.
55. BRASIL. PGFN em números 2023: dados de 2022. Brasília: Procuradoria-Geral da Fazenda Nacional, 2023. Disponível em: https://www.gov.br/pgfn/pt-br/acesso-a-informacao/institucional/pgfn-em--numeros/pgfn-em-numeros-2023-versao-20042023.pdf. Acesso em: 09 jun. 2023.
56. SANTI, Eurico Marcos Diniz de. Transação e arbitragem no direito tributário: paranoia ou mistificação? In: SARAIVA FILHO, Oswaldo Othon de Pontes; GUIMARÃES, Vasco Branco (Org.). *A transação e a arbitragem no direito constitucional-tributário brasileiro*. Belo Horizonte: Fórum, 2008, p. 186.
57. MACHADO, Hugo de Brito. *Comentários ao Código Tributário Nacional*. 2. ed. São Paulo: Atlas, 2018, v. III, p. 486; 487; 494; 495.

Pode ocorrer, é certo, que uma determinada transação seja feita sem albergar as características essenciais desse instituto. Se tal ocorrer, certamente será possível a invocação do art. 14
da Lei de Responsabilidade Fiscal, desde que se consiga demonstrar que foi colocado sob a
aparência de transação um *benefício que corresponde a tratamento diferenciado*, abrangido,
assim, no âmbito de renúncia, definido no § 1º daquele art. 14.[58]

Sobre essa nova lei de transação tributária, que foi oriunda da conversão
da Medida Provisória (MP) 899/2019, Hugo de Brito Machado critica o juízo de
conveniência e de oportunidade para transacionar, divergindo do que dispõe o
artigo 171 do CTN. O instituto excepcional da transação, de acordo com ele, não
poderia ter a amplitude que lhe foi conferida pela nova legislação. Além disso,
haveria um vício formal, pois não caberia à medida provisória tratar de assunto
reservado à lei complementar. Criticou, por fim, a redação da MP 899/2019 por
estabelecer que, na hipótese de rescisão da transação, a Fazenda Nacional poderia
requerer a convolação da recuperação judicial em falência ou ajuizar ação de falência, conforme o caso (art. 8º, II), por criar sanção política, coagindo moralmente
à satisfação do crédito tributário, além de contrariar a jurisprudência do Superior
Tribunal de Justiça e do Supremo Tribunal Federal.[59] Essa última disposição foi
retirada na conversão da medida provisória na nova lei de transação, mas reapa-
receu na Lei 14.112 de 2020 pelo artigo 10-A, § 4º-A, IV.

No seu último artigo, tratando sobre a transação tributária, já com a redação conferida pela Lei 13.988 de 2020, apontou uma contradição dessa lei ao
estabelecer a transparência, como princípio, pela divulgação em meio eletrônico
de todos os termos de transação celebrados, e, ao mesmo tempo, excepcionar as
informações protegidas por sigilo fiscal, pois isso não concretizaria o princípio
da isonomia, sobretudo em virtude da nova lei impor condições não previstas em
lei (art. 4º, I e IV), além da possibilidade da proposta individual de transação por
parte da Fazenda ou por parte do contribuinte. Permite-se ainda uma modalidade
de transação tributária da Dívida Ativa, para créditos tributários não judiciali-
zados, o que vem contrariar o artigo 171 do CTN. Esses questionamentos que
ele faz poderiam, nas suas palavras, permitir a "[...] Fazenda impor dificuldades
a alguns e conceder favorecimento a outros, mesmo em relação à contribuintes
que se encontrem em igual situação de fato".[60]

---

58. MACHADO, Hugo de Brito. *Comentários ao Código Tributário Nacional*. 2. ed. São Paulo: Atlas, 2018,
   v. III, p. 487.
59. MACHADO, Hugo de Brito; MACHADO, Shubert de Farias. A medida provisória 899 e o princípio
   da legalidade tributária. *Consultor Jurídico*, São Paulo, 2019. Disponível em: https://www.conjur.com.
   br/2019-dez-18/consultor-tributario-medida-provisoria-899-principio-legalidade-tributaria. Acesso
   em: 09 jun. 2023.
60. MACHADO, Hugo de Brito; MACHADO, Shubert de Farias. A transação e o princípio da legalidade.
   In: SARAIVA FILHO, Olwaldo Othon de Pontes (Coord.). *Transação tributária*: homenagem ao jurista
   Sacha Calmon Navarro Coelho. Belo Horizonte: Fórum, 2022, p. 141-142.

CONCLUSÃO

Conclui-se aqui com as principais críticas apontadas por Hugo de Brito Machado, inicialmente à MP 899 de 2019 e depois à Lei 13.988 de 2020, que resumem bem como acabou sendo o seu posicionamento final sobre a temática da transação tributária:

1º) A MP 899, de 2019, teria sido inconstitucional por violar o princípio/regra da legalidade tributária e por invadir matéria reservada à lei complementar, além de ter instituído uma sanção política;[61]

2º) A Lei 13.988, de 2020, permitiu, extrapolando o caráter excepcional da transação tributária, que esta ficasse sujeita ao juízo de conveniência e oportunidade; tivesse em seu termo condições não elencadas em lei; envolvesse créditos não litigiosos; decorresse de proposta individual; ficasse protegida por sigilo fiscal, permitindo ao Fisco escolher com quem, quando, o que e como transacionar. Esse modelo legal afrontaria o direito do contribuinte à legalidade tributária, à isonomia e à liberdade econômica.[62]

REFERÊNCIAS

ÁVILA, Humberto. *Teoria da igualdade tributária*. São Paulo: Malheiros, 2008.

BANDEIRA DE MELLO, Celso Antônio. *Conteúdo jurídico do princípio da igualdade*. 3. ed. São Paulo: Malheiros, 2003.

BOBBIO, Noberto. *Teoria da norma jurídica*. Bauru, SP: EDIPRO, 2001.

BONAVIDES, Paulo. *Curso de direito constitucional*. 30. ed. São Paulo: Malheiros, 2015.

BRASIL. PGFN em números 2023: dados de 2022. Brasília: Procuradoria-Geral da Fazenda Nacional, 2023. Disponível em: https://www.gov.br/pgfn/pt-br/acesso-a-informacao/institucional/pgfn-em-numeros/pgfn-em-numeros-2023-versao-20042023.pdf. Acesso em: 09 jun. 2023.

CAMPOS, Carlos Alexandre de Azevedo; CAVALCANTE, Denise Lucena; CALIENDO, Paulo. A relevância dos clássicos. CAMPOS, Carlos Alexandre de Azevedo; CAVALCANTE, Denise Lucena; CALIENDO, Paulo (Coord.). *Leituras clássicas de direito tributário*. Salvador: JusPodivm, 2018.

DERZI, Misabel Abreu Machado. *Direito Tributário, Direito Penal e tipo*. 4. ed. Belo Horizonte: Fórum, 2021.

DERZI, Misabel Abreu Machado. Tipo ou conceito no Direito Tributário? *Revista da Faculdade de Direito da Universidade Federal de Minas Gerais*, Belo Horizonte, n. 30-31, 1988.

---

61. MACHADO, Hugo de Brito; MACHADO, Shubert de Farias. A medida provisória 899 e o princípio da legalidade tributária. *Consultor Jurídico*, São Paulo, 2019. Disponível em: https://www.conjur.com.br/2019-dez-18/consultor-tributario-medida-provisoria-899-principio-legalidade-tributaria. Acesso em: 09 jun. 2023.
62. MACHADO, Hugo de Brito; MACHADO, Shubert de Farias. A transação e o princípio da legalidade. In: SARAIVA FILHO, Olwaldo Othon de Pontes (Coord.). *Transação tributária*: homenagem ao jurista Sacha Calmon Navarro Coelho. Belo Horizonte: Fórum, 2022, p. 146-147.

FERNANDES, Tarsila Ribeiro Marques. *Transação tributária*: o direito brasileiro e a eficácia da recuperação do crédito público à luz do modelo norte-americano. Curitiba: Juruá, 2014.

FIGUEIREDO, Paulo Henrique. *A transação tributária*. Edições Bagaço/Instituto do Ministério Público do Estado de Pernambuco, Recife, 2004.

GERABA, Gabriel Ulhôa Canto. *Arbitragem e transação no âmbito do Direito Tributário*. Monografia (Especialização em Direito), Instituto de Ensino e Pesquisa, Curso de LL.M em Direito Tributário, São Paulo, 2016.

KIRCHHOF, Paul. *Tributação no Estado Constitucional*. São Paulo: Quartier Latin, 2016.

LOPES, Simone Anacleto. Anteprojeto de lei geral de transação em matéria tributária: uma análise jurídica. *Revista Fórum de Direito Tributário* – RFDT, Belo Horizonte, ano 7, n. 38, p. 9-26, mar./abr. 2009.

LOPES, Simone Anacleto. Projeto de lei geral de transação em matéria tributária: análise das consequências políticas e econômicas. *Tributação em Revista*, Brasília, n. 56, jan./jun. 2010.

MACHADO, Hugo de Brito. *Comentários ao Código Tributário Nacional*. 2. ed. São Paulo: Atlas, 2018. v. III.

MACHADO, Hugo de Brito. Confissão e transação no direito tributário. *Revista Dialética de Direito Tributário*, São Paulo, n. 159, 2008.

MACHADO, Hugo de Brito. *Curso de direito constitucional tributário*. 2. ed. São Paulo: Malheiros, 2015.

MACHADO, Hugo de Brito. *Curso de Direito Tributário*. 38. ed. rev., atual., ampl. São Paulo: Malheiros, 2017.

MACHADO. Hugo de Brito. *Introdução ao planejamento tributário*. São Paulo: Malheiros, 2014.

MACHADO, Hugo de Brito. *Os direitos fundamentais do contribuinte e a efetividade da jurisdição*. Tese (Doutorado em Direito), Universidade Federal de Pernambuco, 2009.

MACHADO, Hugo de Brito. Transação e arbitragem no âmbito tributário. *Revista Fórum de Direito Tributário*, Belo Horizonte: Fórum, [S.I.], ano 5, n. 28, jul./ago. 2007.

MACHADO, Hugo de Brito; MACHADO SEGUNDO, Hugo de Brito. *Transação em matéria tributária*: limites e inconstitucionalidades. Brasília: Tributação em Revista, 2010.

MACHADO, Hugo de Brito; MACHADO SEGUNDO, Hugo de Brito. *Consulta UNAFISCO*. Disponível em: http://www.sindifisconacional.org.br/mod_download.php?id=L2ltYWdlcy9lc3R1ZG9zL3BhcmVjZXIvUGFyZWNlckh1Z29kZUJyaXRvTEdULnBkZnww. Acesso em: 10 jun. 2016.

MACHADO SEGUNDO, Hugo de Brito. Ciência do Direito Tributário, economia comportamental e extrafiscalidade. *Revista Brasileira de Políticas Públicas*, v. 8, p. 640-659, 2018.

MACHADO SEGUNDO, Hugo de Brito. Obrigado, Professor Hugo de Brito Machado. *Consultor Jurídico*, São Paulo, 2023. Disponível em: https://www.conjur.com.br/2023-abr-15/hugo-machado-segundo-obrigado-professor-hugo-brito-machado. Acesso em: 04 jun. 2023.

MACHADO SEGUNDO, Hugo de Brito. *Processo tributário*. 14. ed. Barueri [SP]: Atlas, 2022.

MACHADO SEGUNDO, Hugo de Brito. Regras de Competência e a Textura Aberta da Linguagem Natural. *IBDT, Revista de Direito Tributário Atual*, São Paulo, n. 50, ano 40, 2022.

MACHADO, Hugo de Brito; MACHADO, Shubert de Farias. A medida provisória 899 e o princípio da legalidade tributária. *Consultor Jurídico*, São Paulo, 2019. Disponível em: https://www.conjur.

CAPÍTULO 4 • A TRANSAÇÃO TRIBUTÁRIA À LUZ DOS DIREITOS FUNDAMENTAIS DO CONTRIBUINTE

com.br/2019-dez-18/consultor-tributario-medida-provisoria-899-principio-legalidade-tributaria. Acesso em: 09 jun. 2023.

MACHADO, Hugo de Brito; MACHADO, Shubert de Farias. A transação e o princípio da legalidade. In: SARAIVA FILHO, Olwaldo Othon de Pontes (Coord.). *Transação tributária*: homenagem ao jurista Sacha Calmon Navarro Coelho. Belo Horizonte: Fórum, 2022.

MACHADO, Raquel Cavalcanti Ramos. *Competência tributária*: entre a rigidez do sistema e a atualização interpretativa. Tese (Doutorado na área de Direito Econômico, Financeiro e Tributário; subárea de Direito Tributário), Faculdade de Direito, Departamento de Direito Econômico, Financeiro e Tributário da Faculdade de Direito, Universidade de São Paulo, 2013.

MARINS, James. *Defesa e vulnerabilidade do contribuinte*. São Paulo: Dialética, 2009.

NABAIS, José Casalta. *O dever fundamental de pagar impostos: contributo para a compreensão constitucional do estado fiscal contemporâneo*. Tese (Doutorado em Direito). Coimbra: Almedina, 2012.

NUNES, Pedro. *Dicionário de tecnologia jurídica*. Rio de Janeiro/São Paulo: Freitas Bastos, 1974. v. II.

TIPKE, Klaus; YAMASHITA, Douglas. *Justiça fiscal e princípio da capacidade contributiva*. São Paulo: Malheiros, 2002.

SANTI, Eurico Marcos Diniz de. Transação e arbitragem no direito tributário: paranoia ou mistificação? In: SARAIVA FILHO, Oswaldo Othon de Pontes; GUIMARÃES, Vasco Branco (Org.). *A transação e a arbitragem no direito constitucional-tributário brasileiro*. Belo Horizonte: Fórum, 2008.

VIANA FILHO, José Ivan Ayres. *Transação em Matéria Tributária*: Deficiências do Projeto de Lei 5.082 à luz dos aspectos legislativos, teóricos e práticos. Monografia (Graduação em Direito), Faculdade de Direito, Universidade Federal do Ceará, Fortaleza, 2017.

XAVIER, Alberto. *Os princípios da legalidade e da tipicidade da tributação*. São Paulo: Ed. RT, 1978.

XAVIER, Alberto. *Tipicidade da tributação, simulação e norma antielisiva*. São Paulo: Dialética, 2001.

Capítulo 5
INSEGURANÇA JURÍDICA DOS INCENTIVOS FISCAIS FRENTE À PROPOSTA DE REFORMA TRIBUTÁRIA – PEC 45/2019

Josefa Maria Araújo Viana De Alencar

Doutoranda pela Universidade Livre de Amsterdam – SUV em parceria com a UFC. Mestre em Negócios Internacionais. Especialista em Direito Tributário. Professora. Advogada. Sócia do escritório Viana e Advogados Associados.

> **Sumário:** 1. Fundamentação teórica da segurança jurídica – 2. Contextualização da importância da segurança jurídica dos incentivos ficais para o desenvolvimento econômico; 2.1 Definição de segurança jurídica e a sua relevância para a estabilidade e previsibilidade no campo do Direito Tributário; 2.2 A Reforma Tributária e os fatores determinantes que geram insegurança jurídica aos contribuintes – 3. Análise das principais mudanças apresentadas na proposta de Reforma Tributária (PEC 45/2019) e seus reflexos à segurança jurídica; 3.1 Tributos extintos; 3.2 IVA (Imposto sobre Valor Agregado) dual; 3.3 Imposto Seletivo; 3.4 Alíquotas; 3.5 Isenção de medicamentos, doenças graves e ensino superior – PROUNI; 3.6 Pessoas Físicas – IBS E CBS; 3.7 *Cashback* – IBS E CBS; 3.8 Regimes tributários favorecidos; 3.9 Regimes tributários específicos; 3.10 Fundo Nacional de Desenvolvimento Regional (FDR); 3.11 Transição; 3.12 IPVA de jatos e iates; 3.13 ITCMD – Herança e doação; 3.14 IPTU – Alteração base de cálculo; 3.15 Imunidade – Livros, periódicos; 3.16 Desoneração da folha de pagamento; 3.17 Segunda etapa da reforma; 3.18 Princípio da irretroatividade, proteção ao direito adquirido e a segurança jurídica, nas normas para os contribuintes – 4. Princípios de igualdade, capacidade jurídica e incentivos fiscais; 4.1 Segurança jurídica dos incentivos fiscais sob os ensinamentos do Professor Hugo de Brito Machado – Conclusão – Referências.

1. FUNDAMENTAÇÃO TEÓRICA DA SEGURANÇA JURÍDICA

Toda sociedade, num sistema democrático, deve ser orientada por condutas e normas, e estas devem ser pautadas pelas posturas administrativas e judiciais em coadunação com o direito para que haja um autocontrole dos atos administrativos e evolução da jurisprudência, pois só assim efetivamente haverá uma maior probabilidade de segurança jurídica.

A segurança jurídica é indispensável num Estado Democrático de Direito e, como princípio, é essencial para a previsibilidade e estabilidade das relações entre Estado e contribuintes. E a construção de um sistema tributário equilibrado e justo efetivamente dará aos cidadãos, frente o ente público, a certeza de que seus direitos não serão violados. Como bem assevera Heleno

Taveira,[1] "o estado de segurança é o estado de confiança". Ou seja, quando há uma quebra, um desvio, ou um desrespeito às normas vigentes, ato este praticado por autoridade pública administrativa, ou mesmo pelo Estado-Juiz, estará certamente instalado a insegurança jurídica, prejudicando assim o cidadão que confia nas normas, na Lei.

Diante do desafio de uma inclusão lógica, numa aguerrida economia global, criaram-se, no Brasil, os Incentivos fiscais, albergados na necessidade de desenvolvimento econômico em regiões menos favorecidas economicamente. Desta forma, Estados e Municípios oferecem vantagens de ordem fiscal e tributária para atração de investimentos empresariais em diversos setores, especialmente na indústria.

Esses subsídios ou incentivos fiscais vêm modificando todo um panorama de várias regiões no Brasil, especialmente nas regiões do Norte e Nordeste. No entanto, há estudos de avaliação de riscos e impactos econômicos que testificam que, em caso de eventuais alterações para redução ou extinção dos incentivos fiscais advindos do teor da nova proposta de Reforma Tributária, certamente causará danos irreparáveis e irreversíveis não só para as empresas, mas para toda uma sociedade que depende do emprego e da renda para a sua sobrevivência.

Este artigo tem por objetivo destacar a importância da manutenção dos incentivos fiscais para o desenvolvimento regional no Brasil, manutenção de empregos e diversificação de renda, frente aos riscos iminentes da Reforma Tributária em tramitação, recém-aprovada pela Câmara Federal, a qual revela inúmeras alterações que, certamente, colocam em risco iminente a manutenção de projetos industriais já instalados e que ajudaram efetivamente no desenvolvimento regional, e que comprovadamente trouxeram emprego e renda para regiões menos favorecidas especialmente Norte e Nordeste. As alterações propostas na PEC 45/2019 causam imensa insegurança jurídica, tendo em vista os contribuintes poderão ser prejudicados no caso de extinção dos incentivos já albergados.

2. CONTEXTUALIZAÇÃO DA IMPORTÂNCIA DA SEGURANÇA JURÍDICA DOS INCENTIVOS FICAIS PARA O DESENVOLVIMENTO ECONÔMICO

Neste contexto, o presente artigo busca delimitar a segurança jurídica dos incentivos fiscais para o desenvolvimento econômico brasileiro. Para isso, necessário se faz que o ordenamento jurídico seja firme, crível, que transmita e garanta a ampla observância do respeito aos direitos e deveres dos cidadãos, pois o que se vê na realidade hoje, muitas vezes, são "inseguranças jurídicas".

---

1. TORRES, Heleno Taveira. *Direito constitucional tributário e segurança jurídica*: metódica da segurança jurídica do Sistema Constitucional Tributário. São Paulo: Ed. RT, 2011, p. 24.

Johanna Hey[2] arrola como fatores da insegurança jurídica, em matéria tributária, a complexidade e a "complicação", a falta de transparência, a ausência da clareza jurídica, a ausência de segurança de regras e de sistematicidade, a indeterminação, a imprevisibilidade, a instabilidade, a continuidade deficiente, a morosidade, entre outros.

Para Hugo de Brito Machado,[3] a segurança e a justiça são, realmente, dois valores essenciais na ideia de Direito, que devem ser preservados em qualquer ordenamento jurídico como condição para a existência de relações humanas harmoniosas. A segurança, que se confunde com a ordem, é condição para a existência da justiça e esta é condição para a manutenção daquela.

Diante das considerações axiológicas nos estudos das questões de Direito, preconiza a necessidade de um ordenamento, no Direito Tributário, como fator de justiça e de segurança, como diz o jurista português Diego Leite Campos,[4] citado pelo saudoso professor de Direito Tributário Hugo de Brito Machado:

> Existe uma ordem no direito Fiscal português? As normas de Direito Fiscal podem ser entendidas em termos de sistema, orientado por princípios de justiça, organizadas por níveis de generalidade ou imperatividade, harmônicas, não contraditórias?
>
> Basta contemplar as constantes alterações a que estão sujeitas as leis fiscais, mesmo as mais recentes e as de presumida maior valia técnica, para se pôr imediatamente em dúvida qualquer sentido de ordem, e se começar a suspeitar que as normas tributárias nada mais serão de que um "agregado" informe, unidas só pela vontade "imperiosa" do legislador. Agregadas por força de múltiplos interesse e pressões, sobretudo pelo interesse do legislador em obter cada vez mais receitas – os fins justificando os meios.
>
> Tudo em prejuízo do interesse público, do "governo do povo pelo povo, e para o povo" que está na base da democracia. E o povo, presumido autor das normas tributárias através dos seus representantes no parlamento, deixa de reconhecer os seus interesses nessas normas que surgem cada vez mais como um sorvedoiro insaciável de bens. Perante o qual qualquer evasão se afigura mera legitima defesa. "Defesa" a que corresponde um crescendo de violência tributária, de aumento das taxas dos impostos, de sanções desproporcionadas. Numa espiral evasão injustiça – evasão. A primeira – talvez principal – vítima desta espiral é a *segurança* do Direito. Segurança que, ao lado da *Justiça*, constitui o pilar do Direito e da própria sociedade. Os agentes econômicos, famílias e empresas, veem-se impossibilitados de fazer previsões; uma sociedade que se constitui para prosseguir um certo objecto, tem de se extinguir por uma alteração inopinada do Direito Fiscal tornar inviável a prossecução dessa finalidade; leis retroactivas vêm pôr em causa as mais estáveis economias domésticas ou empresariais; etc.

---

2. Interessante observar, com Johanna Hey, que a complexidade não implica, necessariamente, a "complicação". Afinal, é possível que sistemas jurídicos complexos sejam simples, haja vista a praticabilidade e a segurança na aplicação normativa (HEY, Johanna. *Steuerplanungssicherheit als Rechtsproblem*. Köln: Dr. Otto Schmidt, 2002, p. 63-66).

3. MACHADO, Hugo de Brito. *Os direitos fundamentais do contribuinte e a efetividade da jurisdição*. Tese de Doutorado. Universidade Federal de Pernambuco. Recife, 2009.

4. MACHADO Hugo de Brito apud CAMPOS Diego Leite, Coimbra. *Os direitos fundamentais do contribuinte e a efetividade da jurisdição*. Recife: Ed. ATLAS, 2009.

O legislador fiscal parece incapaz de prever para mais do que um ano civil; mesmo diplomas baptizados pomposamente com o nome de "código", passados poucos exercícios estão descaracterizados. A ponto de o cidadão se perguntar se a culpa também não será da Doutrina que terá revelado dificuldade em estabelecer os princípios axiológicos e as técnicas que informam o Direito Fiscal. Com efeito, o Direito Fiscal como ramo autônomo do Direito só tem vindo a consolidar-se, mesmo nos Estados mais avançados nesta matéria, desde os anos quarenta deste século. E, a partir daí, a Doutrina pouco mais tem podido do que fazer emergir alguns critérios de justiça, muito genéricos, e algumas escassas regras técnicas, uns e outros olhados, frequentemente, com suma indiferença pelos legisladores e pelos tribunais.

Desta forma, pungente se torna a clareza e a previsibilidade das normas tributárias, principalmente quando se cogita modificá-las ou extingui-las. É essencial que as novas disposições sejam formuladas de maneira precisa, compreensível, sem pressa, a fim de evitar interpretações ambíguas e conflitos de entendimento. A previsibilidade das regras também é fundamental para que os contribuintes possam se adaptar e planejar suas atividades econômicas de acordo com as novas exigências tributárias.

E mais, proteger a confiança legítima é papel de todo Estado Democrático, que exerce sobre os contribuintes o poder de exigir, fiscalizar e cobrar a exação. Não se deve distorcer muito menos alterar direitos legitimamente concedidos, com inovações revestidas de legalidades, pois isso consequentemente fragilizará o ordenamento jurídico pátrio. Respeitar e proteger a Constituição Federal é dever indiscutível e imensurável de todos os cidadãos, especialmente dos poderes constituídos, seja no exercício da função executiva, seja na função legislativa e especial e principalmente no exercício da função judiciária.

2.1 Definição de segurança jurídica e a sua relevância para a estabilidade e previsibilidade no campo do Direito Tributário

Para definir o conceito de segurança jurídica, deve-se iniciar a partir dos pressupostos de existência de um Estado Democrático de Direito fundado pela Constituição da República Federativa do Brasil de 1988. Pois, quando existe de forma latente num estado democrático de direito, é que se tem a real e precisa noção de segurança jurídica. E mais, o Estado se caracteriza não somente em face à presença do elemento democrático na limitação e legitimação do poder, mas também e especialmente quando é exercida a garantia dos direitos fundamentais dos cidadãos. A noção de um Estado, aliada à superação da efetividade da segurança jurídica meramente como segurança por meio do direito, são insuficientes, caso o próprio direito não seja seguro.

Diante da tamanha importância que é a segurança jurídica no Estado brasileiro, constituído e reconhecido mundialmente como um "Estado Democrático de Direito", a segurança jurídica deve ser compreendida como segurança do Direito, sob a perspectiva material, com a prática efetiva do ordenamento jurídico de forma conectada e coadunada com os valores inerentes e consubstanciados pela Constituição Federal, a exigir, sobremaneira, a efetividade dos direitos fundamentais dos contribuintes, constantes em seu artigo 5º.

De outro forma, assim não se respeitando, efetivamente ocorrerá a fragilidade da segurança jurídica, consequentemente o fim do próprio ordenamento jurídico brasileiro. Ou seja, se não há segurança jurídica, não há direito, se não há direito, não há justiça. O professor Hugo de Brito Machado,[5] tratando da segurança jurídica e lei complementar, assim descreveu:

> O Pior da insegurança jurídica é que esta sempre favorece ao Estado, enfraquecendo significativamente as limitações ao Poder. Nas relações do cidadão com o Estado a insegurança sempre a este o beneficia. E tem sido assim em questões tributárias. Quando o governo pretendeu criar o COFINS havia incerteza sobre se era ou não necessária lei complementar. O governo optou por essa via normativa, que conseguiu ver aprovada sem dificuldades, pois se tratava de uma contribuição muito importante para a seguridade social. Depois, fixado pelo Supremo tribunal Federal o entendimento pela desnecessidade de lei complementar, vieram as alterações introduzidas por lei ordinária, contra os interesses dos cidadãos. E isso sempre poderá ocorrer. Nas relações do Estado com os cidadãos, havendo dúvida, o Estado optará por lei complementar, na qual introduzirá dispositivos benéficos para os cidadãos, visualizando a sua aprovação. E depois, sem a necessidade de maioria absoluta dos parlamentares, mediante lei ordinária, suprimirá os benefícios.

Ademais, uma das finalidades da segurança jurídica, para o Direito Tributário, especialmente, consiste no exercício profícuo da transparência, em permitir que a sociedade tenha conhecimento efetivo das decisões, participe de suas alterações, possa efetivamente se planejar para almejar o seu crescimento econômico e que o ordenamento jurídico seja respeitado por todos.

O sistema é extremamente complexo. Há, diuturnamente, uma prática, entre os entes públicos, uma operação inversa da pirâmide de Hans Kelsen, que atribui o princípio da hierarquia existente entre as normas legais atribuindo ao topo desta pirâmide, a norma maior, que é a Constituição Federal, seguida das Leis Complementares e assim por diante. Uma verdadeira afronta ao direito e à norma suprema. Nesse contexto, convém citar alguns pontos destacados por Tércio Ferraz Junior[6] quando analisa a segurança jurídica:

> Diz-se, assim, que a segurança depende de normas capazes de garantir o chamado câmbio das expectativas. Ora, como diz Radbruch, a segurança jurídica exige positividade do direito: se não se pode fixar o que é justo, ao menos que se determine o que é o jurídico. Segurança significa a clara determinação e proteção do direito contra o não-direito, para todos. Na deter-

---

5. MACHADO, Hugo de Brito. Segurança Jurídica e Lei Complementar. *Revista do Direito da UFC*, 2008.
6. FERRAZ JÚNIOR, Tércio Sampaio. Segurança jurídica, coisa julgada e justiça. *Revista do Instituto de Hermenêutica Jurídica*, Porto Alegre, v. 1, n. 3, 2005.

minação do jurídico e, pois, na obtenção da segurança, a certeza é um elemento primordial. Por certeza entende-se a determinação permanente dos efeitos que o ordenamento jurídico atribui a um dado comportamento, de modo que o cidadão saiba ou possa saber de antemão a consequência das suas próprias ações. Ora, esta exigência vem satisfeita ao máximo quando o legislador não abandona a regulação dos comportamentos ao ajuizamento de caso por caso pelo aplicador, mas estabelece com uma norma a regulação de uma ação-tipo, de modo que nela caibam todas as ações concretas que ela inclui. A tipificação, nesse sentido, é garantia da certeza que é base da segurança. Mas a segurança só se obtém se, além da regulação de uma ação tipo, esta valer para todos igualmente. A igualdade é um atributo da segurança que diz respeito não ao conteúdo, mas ao destinatário das normas, garantindo segurança a norma que obedece ao princípio da isonomia. Na tradição mais liberal da doutrina jurídica, o conceito de segurança, portanto, exige que as normas jurídicas sejam gerais, sem, porém, que se atente para o fato de que esta generalidade pode se referir ao conteúdo (ações-típicas, abstratas) ou ao destinatário (igualdade). Isto significa, outrossim, que a segurança é função de duas variáveis, a certeza e a igualdade, que são valores distintos, podendo ser complementares ou não.

Desta forma, a realização da segurança jurídica deve ser precedida de previsibilidade e, mais especificamente, de proteção à confiança quando da modificação ou extinção de normas veiculadoras de incentivos fiscais. Estes devem ser tratados de forma planejada, programada a um prazo razoável de ajustamento no tempo e no espaço para que os entes e agentes envolvidos nestas alterações sofram o menor impacto possível, pois, certamente, refletirão de forma negativa perante toda uma sociedade que depende desses "convênios normativos".

A estabilidade e a previsibilidade, no campo do Direito Tributário, devem ser "a mola mestra" para a ocorrência da segurança jurídica dos contribuintes. A extinção ou modificação de forma arbitrária dos benefícios fiscais caracteriza, sobremaneira, intervenção em direitos fundamentais, o que exige uma justificação prévia e a aplicação de proporcionalidade em sentido estrito, haja vista que a confiança deve ser preservada.

Desta feita, vê-se que a doutrina é bem clara quanto à relação entre a segurança jurídica e o Estado de Direito, cuja finalidade consiste em diminuir os conflitos ocorridos na sociedade, advindos do próprio ordenamento jurídico, com fito na realização de um bom funcionamento da sociedade com aplicação de soluções que venham a contribuir com a resolução desses conflitos, bem como evitar interpretações equivocadas, reduzir o desequilíbrio econômico-financeiro, na busca incessante do cumprimento do dever, respeito e proteção à Constituição e ao Direito Tributário.

2.2 A Reforma Tributária e os fatores determinantes que geram insegurança jurídica aos contribuintes

Insta destacar que vários são os fatores que causam a insegurança jurídica de forma generalizada. Sob a ótica deste artigo, verifica-se que, no âmbito da administração tributária, há vários elementos preponderantes que, segundo Gerd Rose,[7] são: *i)* a debilidade de ação, que se apresenta como meio da morosidade na regulamentação normativa; *ii)* a qualidade deficiente da atividade administrativa; e *iii)* a atuação com excesso de poderes. Já no âmbito do poder judiciário, as causas da insegurança jurídica são: *i)* morosidade processual; *ii)* a qualidade deficiente da atividade judiciária; e *iii)* a inclinação à construção prematura de teorias, o que conduz à necessidade de frequente modificação jurisprudencial.

A situação da insegurança jurídica se torna ainda mais complexa quando segue rumo aos famigerados benefícios fiscais, haja vista que, por muitos, esses benefícios não são vistos com "bons olhos" face à guerra fiscal entre Estados da federação e a politização. A professora Misabel Derzi,[8] assim se manifestou:

> Justiça tributária e distribuição ou redistribuição da renda são questões tão relevantes como segurança. Por que razão alguém expandiria seus negócios e geraria empregos, se não há retorno, se os produtos sobrarão nas prateleiras? Federação, liberdade, segurança jurídica e redução da desigualdade são o mesmo lado da moeda. Do outro lado, da mesma moeda, o desenvolvimento e a riqueza. Como escreveu RAZ, liberal e positivista, a liberdade, moralmente adequada somente se apresenta naquela sociedade em que as pessoas têm autonomia para escolher entre opções de vida digna, garantidas pelo Estado. Assim sendo, liberdade e vida digna para todos, com um mínimo de igualdade, não se opõem, estão necessariamente interligadas. Entre liberdade, igualdade e federalismo, não há solução de continuidade.

Participando de um Congresso Internacional de Direito Tributário, em 2019, a Professora Misabel Derzi, palestrando sobre a Proteção da Confiança dos Incentivos Fiscais para o Desenvolvimento, quando ainda do início das discussões sobre a Reforma tributária da PEC 45/2019 e seus respectivos problemas centrais, ali identificou algumas soluções possíveis, posto que já existentes no sistema tributário, vez autorizadas pela Constituição e pelas leis, dentre as soluções sugeridas seria capitalizar as empresas para o investimento, sem alterar o ciclo financeiro de bancos e seguradoras, assim:

> Um IVA, eficiente e estimulador dos investimentos; incentivos fiscais e subvenções para investimentos para o desenvolvimento, obrigatoriamente mantidos em território nacional; e, finalmente, dedutibilidade de todos os prejuízos acumulados na base do Imposto sobre a Renda. O IVA – Por meio do princípio da não cumulatividade, de longa data posto em nossas Constituições, adotamos tributos da família do IVA. O princípio da não cumulatividade revela-se como o mais importante no que se refere à tributação sobre o consumo no Brasil, visto que, por meio dele, resguarda-se a neutralidade fiscal, que garante a incidência sobre a manifestação de capacidade contributiva do consumidor final. A neutralidade não protege apenas o consumidor final, mas, também, a concorrência e a competição, já que todas as

---

7. ROSE, Gerd. *Steuerberater- Jahrbuch 1975/76*. Köln: Dr. Otto Schmidt, 1975, p. 55 e ss.
8. DERZI, Misabel Abreu Machado. Segurança Jurídica e os entraves para o crescimento econômico. *Congresso Internacional de Direito Tributário*. Belo Horizonte, 2019.

operações que impliquem circulação de mercadoria e prestação de serviços serão tributadas indistintamente, através de alíquotas uniformes, em termos ideais.

A professora Misabel Derzi registra que tal sistema era adotado até 2019 por 160 países. Hoje, se aprovado na Reforma Tributária de 2023, o Brasil será o 175º. Segundo a professora:[9]

> O princípio da não cumulatividade que informa a tributação sobre o consumo ou sobre as vendas, no Brasil, sobre as operações de circulação de mercadorias e produtos industrializados, representa este anseio de uma tributação eficiente. O princípio em questão nasce dessa circunstância de se cumprir os objetivos arrecadatórios, sem, contudo, implicar uma distorção no custo operacional do setor produtivo.

Como sabido, o princípio da não cumulatividade[10] foi introduzido no ordenamento constitucional brasileiro com a Emenda Constitucional 18/65, que representou uma profunda reforma do Sistema Constitucional Tributário vigente. Desde então, sobrevivendo a várias alterações constitucionais, o princípio foi mantido e se expandiu.

Mas, com a tramitação da Reforma Tributária da PEC 45/2019, apresentada e em discussão no Congresso, todo o projeto inicial de reforma está a ser alterado, restando somente o "Espírito da Lei", pois sua essência e observância aos princípios constitucionais estão sendo depreciados.

Nesse diapasão, face à "ideia" da atual Reforma Tributária, há, no Congresso Nacional, vários grupos de trabalho discutindo em torno de propostas da Reforma Tributária. Todos os dias aparecem novas "sugestões" de alteração, inclusive na própria Constituição Federal, em risco iminente.

Vê-se que alguns desses legisladores têm buscado firmar a ideia de que o Brasil terá vantagens se extinguir os benefícios fiscais e tributários associados aos impostos sobre consumo. Essa "ideia" de que eliminar as várias isenções e reduções da base de cálculo, negociadas em torno dos cinco impostos que pretendem que sejam extintos, a exemplo do IPI, PIS, COFINS, ICMS estadual e ISS municipal em troca de um novo imposto, resolverá o problema. Ledo engano.

Eis o posicionamento de alguns parlamentares responsáveis pelas comissões, tratando do tema dos benefícios fiscais e tributários, como o Deputado Reginaldo

---

9. DERZI, Misabel Abreu Machado. Segurança Jurídica e os entraves para o crescimento econômico. *Congresso Internacional de Direito Tributário*. Belo Horizonte, 2019.

10. Celso B. Alguns aspectos do imposto de circulação de mercadorias. In: NOGUEIRA, Ruy Barbosa (Coord.). *Direito Tributário* – estudos de problemas e casos tributários, 1ª Coletânea, São Paulo: José Bushatsky, 1973, p. 296. 18. Confira-se o entendimento do economista, MANKIW, N. Gregory. *Introdução à economia*. Princípios de micro e macroeconomia. Trad. Maria José Cyhlar Monteiro. Rio de Janeiro: Campus, 1999, p. 248. 19. MELO, José Eduardo Soares de e LIPPO, Luiz Francisco. *A não-cumulatividade tributária*. São Paulo: Dialética, 1998, p. 92-93.

Lopes (PT-MG): "São setores que, de uma forma ou de outra, terão tratamento diferenciado. Falta evidentemente um debate, encontrar como se dará esse tratamento diferenciado. O próprio setor de serviços, 70% dele, terá a preservação do Simples".[11]

Pelo que se tem percebido das propostas da Reforma Tributária, pretende-se unificar os impostos sobre o consumo em um único imposto sobre bens e serviços (IBS), ou em um tributo federal e outro subnacional, de Estados e Municípios. E, apesar de toda a complexidade do sistema tributário atual, efetivamente as empresas já estão adaptadas aos mecanismos de negociação do ICMS-Imposto de Circulação de Mercadorias e Serviços, e as inovações introduzidas na PEC 45/2019, certamente irá impactar negativamente, impossibilitando a continuidade da aviação civil, diz o Vice-presidente da Azul, Fábio Campos.

Ademais, os Governos precisam utilizar o tributo em benefício do próprio contribuinte. Tal fato ocorreu de forma notória, quando da Pandemia 2019/2020, onde a OCDE (Organização para a Cooperação e Desenvolvimento Econômico), chegou a recomendar que os Governos que implementassem políticas públicas de incentivos fiscais, especialmente para vacinas, respiradores etc. Pois com políticas tributárias conseguir-se-ia melhor atravessar àquele momento. E se esses governos assim não procedessem efetivamente, todas essas medidas seriam inconstitucionais porque o poder público estaria negligenciando em não utilizar o tributo como instrumento de política setorial.

3. ANÁLISE DAS PRINCIPAIS MUDANÇAS APRESENTADAS NA PROPOSTA DE REFORMA TRIBUTÁRIA (PEC 45/2019) E SEUS REFLEXOS À SEGURANÇA JURÍDICA

Na madrugada da sexta-feira, 7 de julho de 2023, a Câmara dos Deputados Federais aprovou, em segundo turno, o texto-base da reforma tributária (PEC 45/19), que simplifica impostos sobre o consumo, prevê fundos para bancar créditos do ICMS até 2032 e para o desenvolvimento regional, além da unificação da legislação dos novos tributos. Houve 375 votos a favor, 113 contra e 3 abstenções. Os destaques ainda serão votados. Após, irá ao Senado para, somente então, ir à sanção presidencial. As principais alterações são:

3.1 Tributos extintos

Dentro da Proposta da PEC 45/2019, estão elencados (05) cinco impostos a serem extintos, ao longo de alguns anos, para que, aos poucos, estes impostos

---

11. BRASIL. Câmara dos Deputados. Disponível em: https://www.camara.leg.br › notícias › 978331-texto-base. Acesso em: 07 jul. 2023.

sejam substituídos pelos propostos. Dentre os inseridos na proposta da reforma para a sua extinção são: IPI – Imposto sobre Produtos Industrializados, PIS – Programa de Integração Social, COFINS – Contribuição para o Financiamento Social, ICMS – Imposto sobre Circulação de Mercadorias e Serviços e ISS – Imposto Sobre Serviços.

3.2   IVA (Imposto sobre Valor Agregado) dual

Serão criados *dois IVAs*: o Imposto sobre Bens e Serviços (IBS), que substituirá o ICMS dos Estados e o ISS dos Municípios; e a Contribuição sobre Bens e Serviços (CBS), que unificará os tributos federais: PIS, COFINS e IPI, com base ampla e não cumulatividade plena na cadeia de produção – ou seja, sem tributação em cascata. O imposto será cobrado no destino (local do consumo do bem ou serviço), e não na origem, como é hoje. Pretende-se ainda, na proposta, desonerar os impostos de exportações e investimentos.

3.3   Imposto Seletivo

Incidirá sobre a produção, comercialização ou importação de bens e serviços prejudiciais à saúde ou ao meio ambiente, como cigarro e bebidas alcoólicas, desonerando as exportações. Será usado para substituição do IPI e usado para manter a Zona Franca de Manaus.

3.4   Alíquotas

Haverá a alíquota única, como regra, e a alíquota reduzida. Oito grupos de produtos e serviços terão alíquota reduzida em 50%. Serão eles:

a) Serviços de transporte público coletivo urbano, semiurbano ou metropolitano;

b) Medicamentos;

c) Dispositivos médicos;

d) Serviços de saúde;

e) Serviços de educação;

f) Produtos agropecuários, pesqueiros, florestais e extrativistas vegetais in natura;

g) Insumos agropecuários, alimentos destinados ao consumo humano e produtos de higiene pessoal;

h) Atividades artísticas e culturais nacionais.

O que se pretende, com as alterações de alíquotas, é criar mecanismos com o intuito de tornar menos oneroso a determinados setores mais sensíveis e necessitados, procurando-se assim realizar uma política fiscal mais justa.

3.5 Isenção de medicamentos, doenças graves e ensino superior – PROUNI

Na proposta de reforma da PEC 45/2019, há destaque para a isenção de medicamentos para a doenças graves, e que tais itens serão definidos em lei complementar. E, redução em 100% da alíquota da CBS incidente sobre serviços de educação de ensino superior (PROUNI), um motivo para incentivar a educação, o desenvolvimento e a melhoria da vida dos brasileiros, pois com melhor formação, melhores serão os salários e consequentemente as condições de vida.

3.6 Pessoas Físicas – IBS E CBS

Pessoas físicas que desempenhem as atividades agropecuárias, pesqueiras, florestais e extrativistas vegetais *in natura* não serão tributadas pelo IBS e a CBS. Haverá um limite de receita anual de R$ 2 milhões para que o produtor rural pessoa física possa não ser contribuinte de IBS e CBS, permitindo que repasse crédito presumido aos compradores de seus produtos.

3.7 *Cashback* – IBS E CBS

Com a criação da possibilidade de devolução do IBS e da CBS a pessoas físicas de forma ampla, a ser definida em lei complementar, receberão de volta o imposto em forma de incentivo a ser definido em Lei complementar.

3.8 Regimes tributários favorecidos

Com razoabilidade necessária para os contribuintes que vivem em regiões não muito favorecidas ou em atividades específicas face a sua capacidade contributiva, foi proposto a manutenção de dois regimes tributários especiais, já existentes: Zona Franca de Manaus e o Simples Nacional.

3.9 Regimes tributários específicos

O Projeto da Reforma Tributária, na PEC 45/2019, irá afetar essencialmente alguns setores cruciais para a economia, a exemplo dos combustíveis, alimentação, entre outros. As inovações introduzidas na reformar irão impactar toda a cadeia produtiva em face da logística no Brasil ser, quase que na sua totalidade, por via rodoviária. E nestes aspectos destacamos abaixo:

a) Combustíveis e lubrificantes terão cobrança monofásica (cobrados numa única fase da cadeia), alíquotas uniformes e possibilidade de concessão de crédito para contribuinte do imposto;

b) Serviços financeiros, operações com bens imóveis, planos de assistência à saúde, apostas (concursos de prognósticos): alterações nas alíquotas, nas regras de creditação e na base de cálculo; e tributação com base na receita ou no faturamento;

c) Compras governamentais: Não incidência de IBS e CBS, admitida a manutenção dos créditos relativos às operações anteriores; destinação integral do produto da arrecadação do IBS e da CBS recolhida ao ente federativo contratante (União, Estado ou Município).

3.10   Fundo Nacional de Desenvolvimento Regional (FDR)

Cria o fundo com o objetivo de reduzir as desigualdades regionais e sociais. Os recursos terão de ser aplicados em: realização de estudos, projetos e obras de infraestrutura; fomento a atividades produtivas com elevado potencial de geração de emprego e renda, incluindo a concessão de subvenções; ações para o desenvolvimento científico e tecnológico e à inovação.

Os aportes de recursos serão feitos pela União em valores que iniciam em R\$ 8 bilhões de reais em 2029, chegando a R\$ 40 bilhões de reais a partir de 2033.

3.11   Transição

A. Transição dos tributos antigos para os novos: 8 anos

Ano	Imposto	Percentual	Exceção	Observações
2026	Pis/Cofins	1%		Compensável.
2027	Entra o CBS e extingue Pis e Cofins	0% de IPI	Zona Franca de Manaus	-
2029 a 2032	Entrada proporcional do IBS Extinção proporcional do ICMS e ISS	-	-	-
2033	Vigência integral do novo imposto – extingue antigo	--		--

B. Transição Federativa: 50 anos

• Transição para o princípio da origem (local de produção) para destino (local de consumo) se dará em 50 anos, entre 2029 e 2078.

3.12   IPVA de jatos e iates

Cobrança do IPVA para veículos aquáticos e aéreos; possibilidade de o imposto ser progressivo em razão do impacto ambiental do veículo.

3.13   ITCMD – Herança e doação

No contexto da Reforma Tributária, o Imposto de Transmissão *Causa Mortis* e Doação (ITCMD) será progressivo em razão do valor da transmissão. A ideia é tornar obrigatória a progressividade do tributo, a incidência de taxas maiores para montantes maiores e taxas menores para quantias menores. Já se identificou que em 17 estados da federação tem alíquotas progressivas, outros nove tem alíquotas fixas, sendo o estado do Piauí o único Estado com alíquota mista. E ainda, a transferência da competência do imposto sobre bens móveis, títulos e créditos ao Estado onde tiver domicílio. Uma inovação seria a criação de regras que permitam a cobrança sobre heranças no exterior.

3.14 IPTU – Alteração base de cálculo

Autoriza que o Poder Executivo atualize a base de cálculo do imposto por meio de decreto a partir de critérios gerais previstos em lei municipal. Atende a um pleito das prefeituras. Desta forma, dará ao executivo municipal o poder de alterar (aumentar ou diminuir) a cobrança do imposto sem que tenha que passar pelo crivo ou aval da Câmara Municipal. Um grande risco ao contribuinte.

3.15 Imunidade – Livros, periódicos

A imunidade tributária para livros deve ser mantida, já existem preceitos constitucionais que t7ratam da matéria e esta deve ser mantida. No Brasil, itens como livros, periódicos, jornais e papéis destinados à impressão deles não há impostos. Da mesma forma, livros estrangeiros é permitida a entrada seja em língua estrangeira ou portuguesa, mantendo-se a imunidade de impostos e demais tarifas alfandegárias.

3.16 Desoneração da folha de pagamento

O aumento da arrecadação obtida com esta reforma pretende-se e deve ser utilizada para reduzir a tributação incidente sobre a folha de pagamentos e sobre o consumo de bens e serviços.

3.17 Segunda etapa da reforma

Determina que a reforma da tributação da renda seja enviada ao Congresso Nacional em até 180 dias da promulgação da reforma dos impostos de consumo. Em adição, uma lei complementar ainda irá detalhar completamente, o que poderá aumentar o número de exceções.

Tudo isso quebra a ideia de uniformidade, de não haver exceções. Com relação à chamada "Guerra fiscal", tema este muito preocupante aos Estados do Norte e do Nordeste, pode não acabar, mas um dos objetivos da reforma tributária seria exatamente acabar com a chamada "guerra fiscal" – prática adotada pelos Estados de oferecer desonerações de ICMS às empresas para atrair investimentos.

Os incentivos serão substituídos por um Fundo de Compensação de Benefícios Fiscais, com aportes que somarão R$ 160 bilhões entre 2025 e 2032. O problema é que há um artigo na PEC, que garante que a União vai ter que cobrir no fundo todo e qualquer incentivo que se mostre convalidado nos termos da lei complementar.

Então, no limite, se os R$ 200 bilhões de incentivos que existem hoje forem todos considerados legítimos, a União pode ter que colocar muito mais dinheiro. Isso representaria a manutenção de incentivos que distorcem a alocação econômica e produzem efeitos negativos sobre o crescimento econômico até 2032.[12]

Outro fator que pode impedir o fim da guerra fiscal é a janela de transição para a criação do IBS, avalia o economista. Pela proposta aprovada na Câmara, o IBS será instituído com alíquota de 0,1% em 2026. Até 2028, o novo imposto vai conviver com o ICMS e o ISS sem mudança de alíquotas nos tributos antigos.

A partir de 2029, os impostos antigos começam a ser reduzidos, em 10% ao ano, até 2032. Assim, segundo Felipe Salto, ao final de 2032, o ICMS e o ISS terão alíquotas equivalentes a 60% das atuais.

Para que a tributação migre para o destino, temos que acreditar que não vai haver pressão nenhuma para que esses 60% de ICMS não continuem vigorando além de 2032. Ou seja, que da noite para o dia esse ICMS de 60% vá passar a zero.

É um grande risco porque, ao manter uma alíquota grande para um imposto ruim que enseja benefícios fiscais – o que não é proibido pela PEC – abre-se oportunidade à concessão de novos incentivos tributários.

Por fim, outro problema criado nesta reforma tributária aprovada na Câmara é a dupla desoneração da cesta básica. Atualmente, os produtos da cesta básica são desonerados em 100% de PIS e Cofins, tributos sobre consumo cobrados pelo governo federal. A isenção é considerada mal focalizada, já que beneficia indistintamente ricos e pobres.

Um ponto também muito preocupante é a previsão de criação de um Conselho Federativo – referido órgão ficará responsável pelo recolhimento e distribuição do IBS, imposto que substituirá o ICMS estadual e o ISS Municipal – com "amplos poderes".

Pelo texto aprovado, o conselho poderá arrecadar, normatizar, regulamentar, ter iniciativa de lei complementar, partilhar recursos entre os entes federados e devolver créditos aos contribuintes.

Atualmente, secretários de Fazenda dos Estados se reúnem no Comsefaz, órgão que deve ser esvaziado com a criação do Conselho Federativo.

---

12. INVESTNEWS. Disponível em: https://investnews.com.br. Acesso em: 22 ago. 2023.

Além da perda de autonomia de Estados e Municípios, a questão persiste na devolução dos créditos para os contribuintes intermediários, que são aqueles do meio das cadeias produtivas.

No modelo atual de tributação, os bens e serviços são tributados em todas as etapas da cadeia, e os tributos incidem uns sobre os outros. A ideia com a devolução de crédito seria acabar com esse "efeito cascata", garantindo a chamada não-cumulatividade plena.

Concluindo, verifica-se que, no projeto da Reforma Tributária, há, dentre as alterações, muitos pontos de extrema relevância, que, se aprovada, causará inquietações jurídicas. A exemplo, as vinculações da arrecadação aos direitos sociais. Pelo que dispõe, o artigo 167, IV da CF,[13] esta permite que haja vinculação da arrecadação de alguns impostos para financiamento da saúde e da educação.

Ocorre que o financiamento da saúde é assegurado, dentre outras fontes, pela destinação de 12% da receita com o ICMS e de 15% da receita com o ISS, conforme consta na Constituição, em seu artigo 198, § 2º, II e III, e § 3º, I; e na Lei Complementar 141/12, nos artigos 6º e 7º.

Já o financiamento da educação é assegurado, dentre outras fontes, pela aplicação de 18% da União e de 25% de Estados e Municípios, de suas receitas resultantes de impostos, consoante artigo 212 da CF/88. A situação neste ponto é diversa, pois é mencionada a "receita de impostos", logo, transformando o ICMS e o ISS no IBS, não haverá impacto direto na vinculação existente, embora possa existir em face do montante atualmente destinado a essa atividade.

Todavia, seria uma oportunidade ímpar para a União ampliar sua participação no financiamento desse direito fundamental, transformando a CBS, que é batizada de "contribuição" em um "imposto", o que ampliaria a base de incidência dos recursos para a educação. Bastaria denominar no âmbito do IVA dual o que está grafado como CBS para IBS-U ("U", de União) e o "outro" passaria a ser IBS-E/M (de Estados e Municípios). Isso seguramente reforçaria as transferências de recursos para essa finalidade. Registre-se que a PEC 45/2019 garante recursos ao Fundeb (20% – artigo 202-A, II), o que não invalida a preocupação aqui referida.

---

13. Art. 167, CF/88. São vedados:

[...]

IV – a vinculação de receita de impostos a órgão, fundo ou despesa, ressalvadas a repartição do produto da arrecadação dos impostos a que se referem os arts. 158 e 159, a destinação de recursos para as ações e serviços públicos de saúde, para manutenção e desenvolvimento do ensino e para realização de atividades da administração tributária, como determinado, respectivamente, pelos arts. 198, § 2º, 212 e 37, XXII, e a prestação de garantias às operações de crédito por antecipação de receita, previstas no art. 165, § 8º, bem como o disposto no § 4º deste artigo.

Tratando do que foi votado e aprovado na Câmara dos Deputados, alguns juristas, ouvidos pelo Portal Migalhas,[14] se pronunciaram sobre esse momento histórico e crucial para o ordenamento jurídico, seus riscos e seus efeitos perante a sociedade e aos contribuintes, senão vejamos:

O professor Heleno Torres, diz que a aprovação da reforma tributária é um marco de profundas mudanças na economia e no sistema de tributação do país. Está certíssimo em seu posicionamento, pois a reforma sem sombra de dúvidas é emergencial. No entanto, deve ser procedida de mais discussões face a sua complexidade, sem esquecer que os entes e agentes envolvidos efetivamente estarão imensamente prejudicados.

Para o tributarista Rodrigo Massud, em análise a atual proposta, informa que o modelo tem seus problemas, pois altera profundamente o sistema federativo na relação entre União, Estados e municípios, que vai passar a ser mediada de algum modo pelo conselho federativo. Deduz que efetivamente teremos mais problemas, não há de forma clara como irá funcionar o sistema de não cumulatividade ampla e a devolução de créditos. Ou seja, como irá efetivamente funcionar? Haverá um fundo garantidor por um tempo para assegurar a devolução desses créditos acumulados nas cadeias vários juristas veem se posicionando quanto a Reforma Tributária da PEC-45/2019 de forma preocupante, a exemplo da Dra. Sílvia Piva, pois esta interpreta a situação com justa ponderação. Entende que o sistema tributário brasileiro precisa de reforma, no entanto coaduna com a boa parte de juristas nacionais, de que não houve tempo suficiente de maturação para a sociedade civil conhecer, discutir, entender o que irá se suceder com esta reforma. Existe uma democracia e esta deve ser respeitada. O que mais preocupante é o fato de ter sido delegado quase tudo para lei Complementar, isso é um grande risco para toda a sociedade.

Já a professora Betina Grupenmacher, assim asseverou:

> É um desastre o texto aprovado. Essa emenda aglutinativa já era ruim e ficou pior ainda. Segundo a professora, a única coisa boa *foi a cesta básica que* foi desonerada. É o mínimo em um país com tanta fome. A profissional não acredita no *cashback* e entende que o contribuinte, com certeza, vai perder.

> É desastroso o que aconteceu ontem, desanimador, puramente político. Acho que a nova gestão quis mostrar serviço fazendo alguma coisa. Os tributos na minha opinião são de fato um dos elementos mais importantes da nossa vida. Estamos falando de dinheiro. Dinheiro resolve e atrapalha a vida das pessoas e é isso que está acontecendo com essa reforma tributária. Poderia ajudar e trazer desenvolvimento, diminuição das diferenças sociais, solidariedade e, na verdade, é uma reforma que compromete o pacto federativo e a justiça social. Enfim, é péssima.

---

14. MIGALHAS. *Reforma Tributária*: advogados avaliam texto base aprovado na Câmara. Disponível em: https://www.migalhas.com.br/quentes/389591/reforma-tributaria-advogados-avaliam-texto-base--aprovado-na-camara-. Acesso em: 07 jul. 2023.

Toda reforma traz consigo muitas inseguranças, incertezas, interpretações deturpadas, desalinhamento com o ordenamento jurídico, dessabores, abusividades e inconstitucionalidades. Na verdade, o resultado da atual em trâmite como tem se apresentado na atual conjuntura, nada mais é que um emaranhado de incertezas, imprecisões, dúvidas e por não dizer, uma "dislexia visual" de muitos congressistas frente a suas responsabilidades e o compromisso que se dispuserem exercer em seu *munus* público.

Como já era previsto, a forma como está sendo conduzida esta Reforma Tributária, que mais parece com uma "colcha de retalhos" e com a pressa desnecessária como está sendo conduzida, impossibilitando maiores discussões imprescindíveis, face à falta de clareza, que o caso requer, resulta nesse *"frankenstein"*, aguardando agora ser votada pelo Senado Federal, e que certamente deverá ser conduzida com o mesmo *"modus operandi"* da casa legislativa que a aprovou.

Ademais, na questão da reforma em si, o objetivo básico é principalmente a desburocratização, a simplificação do sistema tributário, a redução da guerra fiscal, combate da cumulatividade tributária, equidade na tributação. Tudo isso é um estímulo ao crescimento econômico. Mas será que efetivamente a reforma garantirá ao contribuinte a transparência que se faz necessária para a realização de uma segurança jurídica em matéria tributária? Essa é a "pergunta que não quer calar".

Pelo que se viu, foi uma aprovação "a toque de caixa". Na reforma, foi aprovada alíquota zero para itens da cesta básica e devolução de impostos ao mesmo tempo, gerando dúvidas sobre o que acontecerá de fato. Ou seja, inovações extremamente perigosas, pois deixam um lastro de dúvidas de como se irá "cobrir" essas benesses.

Como bem sabemos, a ideia original da reforma tributária era onerar a cesta básica e passar a devolver os impostos pagos à população de baixa renda, mecanismo chamado de *"cashback"*. No entanto, mediante pressões no processo de tramitação, acabou sendo aprovada a manutenção da desoneração da cesta, cuja composição será fixada em lei complementar. Mas a possibilidade de devolução de impostos também foi mantida no texto (ou seja, não cobra os impostos e ainda retorna?). A questão não está clara, gerando muita insegurança, não há clareza de como vai funcionar a cumulatividade de desoneração e *cashback*.

Agora, o Senado tem até novembro para votar a proposta, que só entrará efetivamente em vigor a partir de 2033, ou seja, dentro de dez anos. O período proposto para a transição entre os regimes tributários foi de sete anos, entre 2026 e 2032.

E como visto alhures, "a história se repete". Já em meados de 2009, em sua tese de doutorado sobre Direitos Fundamentais do Contribuinte, e ali num dos seus capítulos tratando do tema "Reforma Tributária", o saudoso professor Hugo de Brito Machado,[15] que tanto defendeu, de forma aguerrida, a respeitabilidade no ordenamento jurídico, a moralidade, a ética e essencialmente pela responsabilidade para com os contribuintes, em respeito à Constituição Federal, na busca incessante da segurança jurídica, assim discorreu com maestria:

> Não cuidamos de questões concernentes especificamente a cada tributo. Por isto não vamos cogitar em uma reforma tributária, embora nos pareça que a proposta de Emenda Constitucional ora em tramitação no Congresso Nacional mereça sérias críticas, pois, além de complicar tremendamente nosso sistema tributário, com imenso casuísmo, afronta a Federação quando federaliza o mais importante imposto da competência dos Estados, abre caminho para o aumento da carga tributária, inclusive com a utilização de conceitos extremamente vagos na definição do âmbito constitucional da competência que atribui à União para a instituição de um imposto novo. Nossa tese diz respeito à relação de tributação como gênero, relação que de um modo ou de outro sempre existirá. Preocupa-nos o aperfeiçoamento dessa relação, para que ela passe a ser realmente uma relação jurídica e não uma relação simplesmente de poder. Preocupa-nos o aperfeiçoamento da relação de tributação como forma de superação do autoritarismo. Talvez com isto nos coloquemos como destinatários da lição de Duguit, para quem "L'éternelle chimère des hommes est de chercher à mettre dans les constitutions la perfection qu'ils n'ont pas eux-même".

Ademais, quando da reforma tributária, para que ocorra essencialmente a segurança jurídica, necessário se faz que se utilizem da lei na sua forma mais plena, assegurando aos contribuintes para que as "novas" alterações almejadas sejam realizadas com prudência, com responsabilidade, com o compromisso social, pois os atos da sociedade são reflexos dessas decisões.

O bem-estar, a confiança, o fiel exercício do direito e das garantias é o que se busca. E esses devem seguir regidos por princípios constitucionais que assegurem a efetividade das normas no sistema para que os direitos fundamentais estejam garantidos.

3.18 Princípio da irretroatividade, proteção ao direito adquirido e a segurança jurídica, nas normas para os contribuintes

O real significado de segurança jurídica, em linhas gerais, é a estabilidade e a perenidade das relações jurídicas, pois, sem elas, não há justiça. É a necessidade da ocorrência de previsibilidade que decorre das atividades estatais e particulares, nascendo assim uma expectativa legítima, e evitando-se a surpresa e a quebra da confiança. A segurança jurídica nada mais é senão a garantia estendida ao

---

15. MACHADO, Hugo de Brito. *Direitos Fundamentais do Contribuinte*, Atlas, 2009. Duguit. L' éternelle chimère des hommes est de chercher à mettre dans les constitutions la perfection qu'ils n'ont pas eux--même – A eterna quimera dos homens é buscar colocar nas constituições a perfeição que eles mesmos não possuem.

cidadão sobre a certeza e a imutabilidade daquilo que deve juridicamente ser mantido como tal.

Vários foram os investimentos realizados por empresários, investidores, para o desenvolvimento regional no Norte e Nordeste brasileiro. Estes empresários contribuíram com mudanças estratégicas, com reorganização societária, com treinamento, enfim, acreditaram em propostas governamentais dentro do ordenamento jurídico em vigência, quando receberam benefícios fiscais. E agora, com todas essas alterações constantes na Reforma Tributária, certamente obrigarão a estes empresários a readaptarem-se ou refazer seus planejamentos estratégicos e fiscais para uma nova conjuntura, para a sua sobrevivência, para a manutenção de seus projetos. Mas a que custo? Temos um ordenamento jurídico capaz de proteger àqueles que nele acreditaram? Onde está a direito adquirido? Onde está a segurança jurídica?

Canotilho argumenta ainda que a segurança jurídica se desdobra na estabilidade das decisões do Poder Público mediante os procedimentos estabelecidos pela lei, bem como na previsibilidade, assegurando ao indivíduo conduzir-se de acordo com uma expectativa calculável dentro dos padrões legais. Sua finalidade, portanto, é a de gerar previsibilidade nas relações sociais. Essa segurança destina-se inegavelmente aos fatos futuros, pois "sabendo-se de antemão quais são as regras a serem aplicadas, o indivíduo pode pautar sua conduta sob o crivo da legalidade, conhecendo aprioristicamente os efeitos jurídicos que pode aguardar".

Aristóteles já se reportava à necessidade da estabilização das leis, entendia que as leis deveriam ser alteradas de acordo com a evolução no tempo, mas que a prudência deveria ser mantida, a fim de que não ocorresse a vulnerabilidade legal, muito menos a fragilidade constitucional.

Analisando a Constituição brasileira, não se encontra a expressão "segurança jurídica". No entanto, há menção basilar ao princípio da segurança no art. 5º, caput, bem como e especialmente o disposto no inciso XXXVI onde lê-se que "a lei não prejudicará o direito adquirido, o ato jurídico perfeito e a coisa julgada". Nestes termos, percebe-se que a maior ênfase da segurança jurídica reside nos fatos pretéritos, ou seja, cuja lei posterior não poderá afetá-los.

Celso Ribeiro Bastos,[16] agasalha a seguinte tese:

> [...] embora o ordenamento jurídico esteja voltado a oferecer a necessária segurança e estabilidade nas relações humanas, o certo é que não é a segurança e estabilidade nas relações humanas, o primado último do Direito. Certamente, acima dele se encontram outros objetivos. Dentre esses, destaque-se, em especial, o princípio da justiça. Esse, de acordo com a doutrina

---

16. RÁO, Vicente. O direito e a vida dos direitos. In: BASTOS, Celso Ribeiro. *Curso de Direito Constitucional.* 18. ed. São Paulo: Saraiva, 1997, p. 216.

mais moderna, enquadra-se dentro dos chamados princípios gerais do Direito e tem aplicação ampla nos diversos campos em que este se divide. A própria segurança jurídica busca a realização da justiça. Na medida em que não há nenhuma segurança, é praticamente certa a ausência também da justiça. O que ocorre é que nem todo Direito seguro será inexoravelmente um Direito justo. Reconhece-se, pois, que o princípio da segurança jurídica exerce um papel mínimo, posto que sem ele não será possível realizar os demais elementos, com justiça, a liberdade, a igualdade etc.

Para Hugo de Brito Machado:[17]

> ...podemos dizer com toda certeza de que a irretroatividade das normas jurídicas, como princípio, é o mínimo que se pode pretender em matéria de segurança. Se as normas jurídicas em geral pudessem retroagir, a insegurança seria absoluta. Insuportável. Por isto mesmo insistimos em afirmar que a irretroatividade das normas jurídicas como princípio faz parte da própria essência do Direito. Aliás, há quem assevere ser a segurança o valor fundamental do jurídico, superando o próprio valor justiça.

O Direito corporifica e realiza os valores da humanidade, entre os quais se destaca o da segurança, indispensável mesmo para a realização dos demais, indispensável à própria ideia de Estado de Direito, sendo certo que a retroatividade da lei poderia ser encarada como contradição do Estado consigo. Isso porque de um lado ele faz repousar a estabilidade das relações e há que se acrescentar ainda que, com relação aos atos privados, também é possível esse mesmo destaque, uma vez que a segurança jurídica merece ser observada por meio da horizontalização dos direitos, deveres e garantias fundamentais.

Nesse ponto, é relevante seu destaque não somente como princípio geral, mas também como garantia fundamental. Também seguindo essa linha, para melhor esclarecer o princípio, Paulsen traz às seguintes considerações:

> A segurança jurídica apresenta um primeiro conteúdo relacionado com a certeza quanto ao direito vigente e aplicável aos casos. Isso porque, antes mesmo de se perquirir quanto à intangibilidade de direitos adquiridos ou mesmo quanto à proteção de direitos, impende que se tenha conhecimento de qual é o direito vigente, de quais são as normas que regem os casos, de modo a que as pessoas possam orientar suas condutas conforme os efeitos jurídicos já estabelecidos para as mesmas, agindo no sentido de buscar determinado resultado jurídico ou mesmo de evitar uma consequência jurídica indesejada.

A segurança jurídica é o bem maior para o cidadão. Segurança é princípio, é norma e como tal deve ser atendida, respeitada. Não há como um cidadão planejar, realizar e ao final ver todo um projeto ir a "bancarrota" por alterações na lei praticadas por políticas que pouco conhecem do tema. Ou seja, alterações nas normas mal planejadas, mal analisadas, mal interpretadas, causando prejuízos

---

17. MACHADO, Hugo de Brito. *Os princípios jurídicos da tributação na Constituição de 1988*. 5. ed. São Paulo: Dialética, 2004, p. 123.

irreparáveis, gastos exacerbados sem nenhuma perspectiva crível de que efetivamente as alterações ali almejadas terão o resultado que venha a beneficiar de forma concreta toda uma coletividade.

4. PRINCÍPIOS DE IGUALDADE, CAPACIDADE JURÍDICA E INCENTIVOS FISCAIS

Partindo do princípio constitucional de que todos são iguais perante a lei, os incentivos fiscais foram criados para ajudar no desenvolvimento regional, no intuito de reduzir desigualdades sociais, de estimular atividades industriais, ajudar nas regiões menos favorecidas para que o povo possa produzir, ter renda, ter trabalho, enfim, com intuito de dar oportunidade à determinada população, sem que isso viesse a prejudicar outras atividades concorrentes, ensinando o trabalho, formando novos profissionais, qualificando-os, dando-lhes oportunidade de ter o seu sustento e depender menos do Estado. Os incentivos fiscais de forma indireta e inteligente oportunizam ao cidadão a igualdade e liberdade consubstanciadas nos direitos fundamentais inseridos na Constituição Federal.

Ademais, anuir que incentivos fiscais distribuam a carga tributária a partir de critério diferente da capacidade contributiva não significa afirmar que estes a excepcionam. Assim, lembrando-se que a capacidade contributiva foi expressamente consagrada pelo art. 145, § 1º da Constituição Federal, há que se notar que esta deve ser compreendida como: (i) pressuposto da tributação, (ii) limite da imposição tributária e (iii) referencial para a concretização do princípio da igualdade.

Dito isso, entende-se que o conteúdo da capacidade contributiva não se restringe aos ditames da igualdade, porquanto delimita a aptidão de cada cidadão de entregar recursos ao Estado, devendo ser, sob essa perspectiva, compreendida como princípio autônomo. Assim, os direitos fundamentais delimitam a capacidade contributiva, de modo que se verifica uma estreita relação entre a capacidade contributiva, o mínimo existencial e a proibição de excesso no âmbito da qual se situa a proibição da utilização de tributos com efeito de confisco.

No direito brasileiro, o parâmetro fundamental para a realização da igualdade na seara tributária é a capacidade contributiva. Disso, pode-se depreender o direito de que a carga tributária seja distribuída em conformidade com a capacidade contributiva. Insta destacar que é admissível, se justificado, que pressuposto da aplicação seja a regra da proporcionalidade. E, tendo em vista que os incentivos fiscais, por definição, representam um afastamento da igualdade em face da capacidade contributiva, conclui-se que estes devam ser, necessariamente, justificados ante o princípio da igualdade. Em havendo tal justificativa, estar-se-á diante de benefícios fiscais legítimos, portanto, sem qualquer violação ao princípio da igualdade, previsto na Constituição Federal. E, por assim dizer, a segurança jurídica deve ser preservada, respeitada e protegida com base na confiança depositada por aqueles que os detêm.

Outrossim, com relação à competência para a concessão de benefícios fiscais, pressupõe a jurisdição tributária, ou seja, que seja precedida de Lei específica, que, por sua vez, pode vir a ser limitada tanto de forma externa, uma vez que o exercício do poder tributário exige um vínculo juridicamente relevante entre Estado e o fato-evento a ser tributado, ressalvadas controvérsias a respeito dessas limitações; quanto por meio de autolimitações, decorrentes de tratados, convênios.

Essas limitações, via de regra, atingem a livre atuação dos Estados no tocante à conformação e à concessão dos incentivos fiscais, tudo para que seja efetivamente garantida às empresas beneficiadas, a segurança jurídica necessária para que estas, ao longo do período previsto em lei do benefício, possam se programar e contribuir com o que se dispuseram a cumprir como contraprestação pela concessão do benefício, ou seja, o emprego e a renda.

4.1 Segurança jurídica dos incentivos fiscais sob os ensinamentos do Professor Hugo de Brito Machado

Para Hugo de Brito Machado,[18] a irretroatividade das normas jurídicas, em geral, é da essência do Direito. É um instrumento indispensável para a preservação da segurança, que é, sem dúvida alguma, um dos valores essenciais à ideia de Direito.

> Em outras palavras, a segurança é um dos valores fundamentais da humanidade, que ao Direito cabe preservar. Ao lado do valor justiça, é referida como os elementos que, no Direito, escapam à relatividade no tempo e no espaço. "Podemos resumir o nosso pensamento" – assevera Radbruch – "dizendo que os elementos universalmente válidos da ideia de direito são só a justiça e a segurança".[94] Daí se pode concluir que o prestar-se como instrumento para preservar a justiça, e a segurança, é algo essencial para o Direito. Assim, um sistema normativo que não tende a preservar a justiça, nem a segurança, efetivamente não é Direito.

Citando a doutrina de Karl Larenz,[19] Hugo de Brito Machado ressalta o sentido de que segurança e justiça são os dois valores essenciais à ideia de Direito, e que são inseparáveis, um condicionando o outro:

> *La paz jurídica y la justicia, los dos componentes principales de idea del Derecho, están entre sí en una relación dialéctica, lo cual significa, por una parte, que se condicionan recíprocamente.*

---

18. MACHADO, Hugo de Brito. *Os princípios jurídicos da tributação na Constituição de 1988.* 5. ed. São Paulo: Dialética, 2004, p. 123.
19. LARENZ, Karl. *Derecho Justo* – fundamentos de ética jurídica. Trad. Luís Diez Picazo. Madrid: Civitas, 1993, p. 51-52.

A la larga la paz jurídica no está asegurada, se el ordenamiento que subyace a ella es injusto y se siente como tal cada vez más. Donde la paz jurídica falta, donde cada uno trata de realizar su (supuesto) derecho con sus puños o domina la guerra civil, desaparece la justicia. Triunfa el llamado 'derecho del más fuerte', que es lo contrario de un orden justo. Por otra parte, los dos componentes pueden parcialmente entrar en contradicción. Ocurre así, en especial, cuando el Derecho positivo considera tan insegura la probabilidad de alcanzar un juicio 'justo', que en aras a la seguridad jurídica permite la posibilidad de un juicio que no sea justo, como ocurre con la prescripción y con la cosa juzgada.[20]

Ademais, pode-se dizer com toda certeza de que a irretroatividade das normas jurídicas, como princípio, é o mínimo que se pode pretender em matéria de segurança. Se as normas jurídicas, em geral pudessem retroagir, a insegurança seria absoluta. Por isto mesmo insiste-se em afirmar que a irretroatividade das normas jurídicas, como princípio, faz parte da própria essência do Direito. Aliás, há quem assevere ser a segurança o valor fundamental do jurídico, superando o próprio valor da justiça Oscar Tenório,[21] por exemplo, invoca a doutrina de Recasens Siches para ressaltar que:

O direito não surgiu na vida humana com a finalidade de prestar-se culto à idéia de justiça. Surgiu para fornecer segurança e certeza à vida social. Esta função do direito existe no regime tradicionalista e no regime revolucionário. Sendo a segurança o valor fundamental do jurídico, sem ela não pode haver direito.

Em muitas ocasiões o mestre Hugo de Brito Machado[22] revelava que:

o Direito corporifica e realiza os valores da humanidade, entre os quais se destaca o da segurança, indispensável mesmo para a realização de todos os demais; indispensável à própria ideia de Estado de Direito, sendo certo que a retroatividade da lei poderia ser encarada como contradição do Estado consigo próprio, pois que, se de um lado ele faz repousar a estabilidade das relações e a que se acrescentar ainda que, com relação aos atos provados, também é possível esse mesmo destaque, uma vez que a segurança jurídica merece ser observada por meio da horizontalização dos direitos, deveres e garantias fundamentais. Nesse ponto, é relevante seu destaque não somente como princípio geral, mas também como garantia fundamental.

---

20. A paz jurídica e a justiça, os dois principais componentes da ideia de Direito, estão numa relação dialética, o que significa, por um lado, que se condicionam mutuamente. A longo prazo, a paz jurídica não estará garantida se o sistema que lhe está subjacente for injusto e cada vez mais sentido como tal. Onde falta a paz jurídica, onde todos tentam realizar os seus (supostos) direitos com os punhos ou dominam a guerra civil, a justiça desaparece. Triunfa o chamado "direito dos mais fortes", o que é o oposto de uma ordem justa. Por outro lado, os dois componentes podem entrar parcialmente em contradição. Isto é especialmente o caso quando o direito positivo considera a probabilidade de se chegar a um julgamento 'justo'= 'tão insegura' que, por uma questão de segurança jurídica, permite a possibilidade de um julgamento que não é justo, como ocorre com a prescrição e com a coisa julgada.

21. TENÓRIO, Oscar. *Lei de introdução ao Código Civil brasileiro*. 2. ed. Rio de Janeiro: Borsoi, 1955, p. 193.

22. MACHADO SEGUNDO, Hugo de Brito. *Os princípios jurídicos da tributação na Constituição de 1988*. 5. ed. São Paulo: Dialética, 2004.

E essas ponderações assistem razão em face de que, caso o legislador pudesse editar leis retroativas, o que não se espera, visto o iminente caos que poderia ocasionar, o contribuinte e a sociedade em geral não saberiam mais como se comportar, perdendo-se a confiança na lei, que a qualquer momento poderia ser alterada com reflexos nos fatos ocorridos, tornando-se, desta forma, "um direito torto" praticamente inexistente ao que deve julgar do certo e do errado. Vicente Ráo[23] sustenta que o princípio da irretroatividade atende à necessidade essencial do próprio ser humano:

> A inviolabilidade do passado é princípio que encontra fundamento na própria natureza do ser humano, pois, segundo as sábias palavras de Portalis, o homem, que não ocupa senão um ponto no tempo e no espaço, seria o mais infeliz dos seres, se não se pudesse julgar seguro nem sequer quanto a sua vida passada. Por essa parte de sua existência, já não carregou todo o peso de seu destino? O passado pode deixar dissabores, mas põe termo a todas as incertezas. Na ordem do universo e da natureza, só o futuro é incerto e esta própria incerteza é suavizada pela esperança, a fiel companheira da nossa fraqueza. Seria agravar a triste condição da humanidade querer mudar, através do sistema da legislação, o sistema da natureza, procurando, para o tempo que já se foi, fazer reviver as nossas dores, sem nos restituir as nossas esperanças.

É por esta razão que os sistemas jurídicos dos países civilizados consagram o princípio da irretroatividade das leis. As leis, como regra fundamental, não retroagem, porque só assim os direitos e situações gerados na vigência delas gozam de estabilidade e segurança.

Como forma de garantir a estabilidade das relações jurídicas, o princípio da irretroatividade há de ser universal.[24] Editada uma lei, sem referência expressa a sua aplicação ao passado, certamente só ao futuro será aplicável. E se o legislador pretender disciplinar fatos ocorridos, o que excepcionalmente pode fazer, terá de respeitar o ato jurídico perfeito, o direito adquirido e a coisa julgada, porque no Brasil isto constitui expressa determinação constitucional.

Seja como for, ninguém pode negar a importância da segurança na ideia de Direito, nem negar a importância da irretroatividade das normas jurídicas, em geral como instrumento indispensável à segurança.

Acompanhando a "evolução hermenêutica" que os tribunais superiores estão realizando ultimamente, percebe-se uma transformação do Direito brasileiro. E, lamentavelmente, o Direito não pode se resumir àquilo que os tribunais entendem por "Direito". O Poder impõe suas garras, e, mediante "decisões da jurisprudência", limitam e segregam oportunidades e igualdades. E a "segurança jurídica" está a serviço desse Poder.

---

23. RÁO, Vicente. O direito e a vida dos direitos. In: BASTOS, Celso Ribeiro. *Curso de Direito Constitucional*. 18. ed. São Paulo: Saraiva, 1997, p. 216.
24. LIMA, Hermes. *Introdução à ciência do Direito*. 28. ed. São Paulo: Freitas Bastos, 1986, p. 143.

Portanto, é possível perceber que, quando da ocorrência de inobservâncias de direitos e garantias fundamentais, ou, até mesmo, de normas espaças que não sejam observadas, que a sociedade é penalizada, pois esta deve se valer da aplicação jurisdicional da efetividade do Direito, a fim de restabelecer a segurança jurídica com a efetiva aplicação das normas.

O Superior Tribunal de Justiça – STJ já abordou, por diversas oportunidades, em seus julgados o instituto de segurança jurídica. O julgado a seguir fornece um bom exemplo do que representa o princípio no posicionamento do Tribunal Superior:

> A segurança jurídica é, simultaneamente, um dos mais festejados e cambiantes pilares do Estado de Direito Democrático. Expressão camaleônica na doutrina, legislação e jurisprudência, vem amiúde associada a um sistema normativo estabelecido em termos iguais para todos, por meio de normas suscetíveis de conhecimento pelos seus destinatários, de aplicação restrita a fatos e atos posteriores à sua vigência, dotadas de clareza e de certa estabilidade, e editadas por quem está constitucionalmente investido para tal" (cf. Atilio Aníbal Alterini, La Inseguridade Jurídica, Buenos Aires, Abeledo-Perrot, 1993, p. 19). O instituto é, como regra, atrelado à função legislativa e à função administrativa. Mas não há razão, em tempos de valorização da implementação judicial de direitos e obrigações (fala-se em "governo de juízes", cf. Gérard Farjat, Pour un Droit Économique, Paris, Puf, 2004, p. 193), para afastá-lo, ou mitigá-lo, no exercício da função jurisdicional pelo Estado. (REsp 654.446/AL, Relator Ministro Herman Benjamin.[25]

Seja como for, em hipótese alguma, ninguém pode negar a importância da segurança na ideia de Direito, muito menos em respeito ao nosso ordenamento jurídico.

Negar a importância da irretroatividade das normas jurídicas, em geral, como instrumento indispensável à segurança, é colocar em risco iminente o próprio Direito.

No entanto, o que vem preocupando os operadores do Direito é uma "evolução hermenêutica", vez que os tribunais superiores estão realizando uma estranha transformação do Direito brasileiro. E, lamentavelmente, o Direito não pode se resumir àquilo que os tribunais entendem por "direito".

CONCLUSÃO

De todo o exposto, demonstrou-se que o Direito não é apenas segurança jurídica, haja vista que, a aplicação deste não se limita a "uma mera subsunção

---

25. BRASIL. Superior Tribunal de Justiça. REsp 654.446/AL, Relator Ministro Herman Benjamin, Segunda Turma, julgado em 04.12.2007, Dje 11.11.2009. Disponível em: jurisprudência dos tribunais superiores: https://ww2.stj.jus.br/processo/revista/documento/mediado/?componente=ITA&sequencial=714943&num_registro=200400460561&data=20091111&formato=PDF. Acesso em: 04 abr. 2023.

acrítica da lei escrita". E Justiça não é apenas legalidade. Justo não é apenas aquele que cumpre a lei.

Conhecendo a história, entende-se que ela se encontra marcada por inúmeras injustiças. Contudo, a busca pela Justiça é um anseio natural, inerente ao ser humano. Ter confiança num sistema é o mínimo que se espera.

Neste artigo, buscou-se apresentar a coadunação entre a justa concessão dos incentivos fiscais para o desenvolvimento econômico e social no país e a preservação da segurança jurídica. A certeza no respeito às normas e aos contratos é o mínimo que se espera de uma governança confiável. Ou seja, a manutenção pelo equilíbrio de interesses, riquezas e principalmente oportunidades, deve ser, nesse contexto, de enorme valia, na busca de estabelecer um "Estado ideal" no qual as partes envolvidas devam se portar com lealdade, ética e boa-fé para com os vínculos obrigacionais.

Neste aspecto, a segurança jurídica não necessariamente contribui para esta interação. A segurança jurídica deve ser imaginada e concebida como um princípio, inclusive de matiz constitucional.

Infelizmente, o que se tem presenciado é discurso da segurança jurídica a serviço daqueles que detêm o poder, e a melhor técnica de dominação que o moderno tem é o de se valer exatamente na legislação. É essa legislação que tem potencializado que o discurso jurídico é primordialmente jurisprudencial, notadamente o discurso jurídico dos tribunais superiores (STJ e STF).

Diante desse desiderato, percebe-se um emaranhado de iminentes riscos, a exemplo da Reforma Tributária em tramitação na Câmara e seguindo ao Senado. Várias são as suas incertezas, várias são as suas fragilidades. Na verdade, não se vê a "luz ao fim do túnel". Estamos extremamente vulneráveis com tudo que está ocorrendo na Reforma Tributária, não sabemos, com a segurança que o caso requer, o que será do futuro deste país em matéria de ordem tributária e constitucional, pois está tudo muito confuso, complexo e inseguro.

Entre os pontos da Reforma Tributária para com os incentivos fiscais que mais impactam de forma negativa, estão: aumentos da desigualdade regional, por conta da extinção dos incentivos e benefícios fiscais, aliada à perda de autonomia tributária dos Estados e Municípios, com a criação do conselho federativo. Certamente, estes pontos prejudicarão veementemente os desenvolvimentos regionais, pois este conselho será um órgão que ficará responsável pelo recolhimento e distribuição do IBS, imposto que substituirá o ICMS estadual e o ISS municipal, com amplos poderes.

Sem esquecer que, ainda por cima, não seria exagero dizer que temos o agravante de estarmos à mercê de "uma ditadura do Judiciário". De alterações de decisões já sumuladas hodiernamente sendo alteradas, de forma a prejudicar o próprio direito adquirido, o ato jurídico perfeito *e* quiçá a coisa julgada.

Por fim, evidencia-se que, há uma Corte maior no país que entende pelo direito "de legislar", esquecendo o seu múnus público que é da proteção à nossa Constituição Federal, deixando-nos vulneráveis, pois muitas de suas decisões são surpreendentes, alheias a princípios muito dantes ressaltados por estes, numa demonstração cristalina de que a segurança jurídica está sendo violada.

A segurança jurídica é o mínimo que pode ser assegurado. Investidores só aplicam seus recursos financeiros em países onde há segurança jurídica. Sem segurança jurídica, não há investimentos, sem investimentos, não há crescimento, e, sem crescimento, não há desenvolvimento.

REFERÊNCIAS

ASSIS, Karoline Marchiori. *Segurança jurídica dos benefícios fiscais*. Doutorado 2013. Disponível em: http://BDT .pdf. Acesso em: 29 jun. 2023.

ATALIBA, Geraldo. *Hipótese de Incidência Tributária*. 6. ed. São Paulo: JusPodivm, 2021.

ÁVILA, Humberto Bergmann. Segurança Jurídica: entre permanência, mudança e realização no Direito Tributário. São Paulo: Malheiros, 2012.

ÁVILA, Humberto Bergmann. *Sistema Constitucional Tributário*. São Paulo: Saraiva, 2004.

ÁVILA, Humberto Bergmann. *Teoria da igualdade tributária*. 2. ed. São Paulo: Malheiros, 2009.

ÁVILA, Humberto Bergmann. *Teoria da segurança jurídica*. 6. ed. São Paulo: Malheiros, 2021.

AVI-YONAH, Reuven S. Os Três Objetivos da Tributação, em Direito Tributário Atual. *Revista do IBDT/Dialética*, São Paulo, n. 22. 2008.

BALEEIRO, Aliomar. *Uma introdução à Ciência das Finanças*. 15. ed. Rio de Janeiro: Forense, 1998.

BRASIL. Constituição da República Federativa do Brasil de 1988. Disponível em: http://www.planalto. gov.br/ccivil_03/constituicao/constituicao.htm. Acesso em: 07 jul. 2023.

BRASIL. Superior Tribunal de Justiça. REsp 654.446/AL, Relator Ministro Herman Benjamin, Segunda Turma, julgado em 04.12.2007, Dje 11.11.2009. Disponível em: jurisprudência dos tribunais superiores: https://ww2.stj.jus.br/processo/revista /documento/mediado/?componente=ITA&-sequencial=714943&num_registro=200400460561&data=20091111&formato=PDF. Acesso em: 04 abr. 2023.

BUFFON, Marciano. *Tributação e dignidade humana*: entre os direitos e deveres fundamentais. Porto Alegre: Livraria do Advogado, 2009.

CARVALHO, Paulo de Barros. *Curso de Direito Tributário*. 16. ed. São Paulo: Saraiva, 2004.

CARVALHO, Paulo de Barros. O princípio da segurança jurídica em matéria tributária. *Revista da Faculdade De Direito*, Universidade de São Paulo, 98: 2003.

CARRAZZA, Roque Antonio. *Curso de direito constitucional tributário*. 19. ed. São Paulo: Malheiros, 2003.

DERZI, Mizabel, A proteção da confiança no direito tributário, confiança sistêmica e confiança na forma concreta como Direito Fundamental . Publicado na Revista da Aberd, no *Congresso Internacional de Direito Tributário*, no Paraná, no ano de 2014 e 2019 em Belo Horizonte/MG.

FERRAZ JÚNIOR, Tércio Sampaio. Segurança jurídica, coisa julgada e justiça. *Revista do Instituto de Hermenêutica Jurídica*, Porto Alegre, v. 1, n. 3, 2005.

FERRAZ JÚNIOR, Tércio Sampaio. *Segurança jurídica e normas gerais tributárias*. 2014. Disponível em: http://www.terciosampaioferrazjr.com.br/?q=/publicacoes-cientificas/157. Acesso em: 04 abr. 2023.

GRECO, Marco Aurélio. *Contribuições (uma figura "sui generis")*. São Paulo: Dialética, 2000.

GRECO, Marco Aurélio . *Planejamento tributário*. São Paulo: Dialética, 2004.

MACHADO, Hugo de Brito. *Defesa de tese de doutorado na Universidade Federal do Pernambuco*, Recife, 2008.

MACHADO SEGUNDO, Hugo de Brito. Guerra Fiscal e Efeitos das Decisões do STF. In: ROCHA, Valdir de Oliveira (Org.). *Grandes Questões Atuais do Direito Tributário*. São Paulo: Dialética, 2012. v. 16.

MACHADO SEGUNDO, Hugo de Brito. In: MACHADO, Hugo de Brito (Coord.). *Regime Jurídico dos Incentivos Fiscais*. São Paulo/Fortaleza: Malheiros/ICET, 2015.

MACHADO SEGUNDO, Hugo de Brito. *Os princípios jurídicos da tributação na Constituição de 1988*. 5. ed. São Paulo: Dialética, 2004.

MARTINS, Ives Gandra da Silva. *Limitações ao poder impositivo e segurança jurídica*. São Paulo: Ed. RT, 2005.

PAULSEN, Leandro. *Curso de Direito Tributário*. 13. ed. São Paulo: Saraiva, 2022.

PAULSEN, Leandro. *Segurança jurídica, certeza do direito e tributação*: a concretização da certeza quanto à instituição de tributos através das garantias da legalidade, da irretroatividade e da anterioridade. Mestrado. Universidade Federal do Rio Grande do Sul. 2005. Disponível em: http://hdl.handle.net/10183/7317. Acesso em: 07 abr. 2023.

TORRES, Heleno Taveira. *Direito Constitucional Tributário e Segurança Jurídica* – Metódica da Segurança Jurídica do Sistema Constitucional Tributário. 2. ed. São Paulo: Ed. RT, 2012.

Capítulo 6
A TIPICIDADE COMO COROLÁRIO DA LEGALIDADE: UM ESTUDO A PARTIR DE HUGO DE BRITO MACHADO

Rômulo Albuquerque Porto

Mestrando e graduado em Direito pela Universidade Federal do Ceará. Pós-graduado em Direito Constitucional. Pós-graduando em Direito e Processo Tributário. Pós-graduando em Direito Privado.

Sumário: Introdução – 1. Panorama da legalidade tributária nos textos constitucionais pátrios – 2. A legalidade tributária como regra e princípio – 3. Acepções de legalidade tributária – 4. A tipicidade como corolário da legalidade tributária – 5. Considerações finais – Referências.

INTRODUÇÃO

Investiga-se a legalidade tributária no âmbito do sistema jurídico brasileiro como uma das principais limitações ao poder estatal de tributar, servindo como ferramenta de proteção do contribuinte em uma relação jurídica não isonômica entre ele e o Poder Público. Para tanto, é necessário conceber a tipicidade como uma condição necessária, um corolário para a legalidade na instituição, compreensão e implementação de tributos.

Nesse contexto, o estudo aqui realizado estriba-se nas investigações do professor Hugo de Brito Machado no que tange à legalidade tributária, com o fito de se analisar o liame inquebrantável entre a legalidade e a tipicidade. A pesquisa, com efeito, é de natureza qualitativa, com finalidade descritiva e exploratória.

Inicialmente, foram analisadas as mudanças ocorridas nos textos constitucionais pátrios quanto à legalidade tributária, para observar se houve fortificação, ou não, das garantias do contribuinte a fim de limitar o poder de tributar estatal; se houve, enfim, melhora no sistema constitucional atual em relação aos sistemas constitucionais pretéritos, no que toca à proteção do contribuinte ante o poder estatal de tributar.

Posteriormente, verifica-se que o tributo só deve ser instituído em lei com reserva formal e absoluta, com esteio na legalidade tributária, isto é, a fonte produtora da norma tributária deve ser o poder legislativo, com base no consentimento popular. Além disso, o tributo dever ser rigorosamente preestabelecido em lei, sendo inconstitucional a complementação dos elementos essenciais da norma tributária através de atos ou normas infralegais.

Assim, mostra-se que a legalidade tributária sem a tipicidade torna praticamente inútil o Direito Tributário como instrumento de limitação ao poder de tributar estatal. De fato, busca-se acentuar que a legalidade sem a tipicidade é insuficiente ao Direito Tributário. Observa-se, destarte, que a tipicidade é condição necessária para a proteção do cidadão em face do arbítrio estatal; e, finalmente, se demonstra que a tipicidade é corolário da legalidade, assim como a legalidade tributária é corolário da segurança jurídica.

1. PANORAMA DA LEGALIDADE TRIBUTÁRIA NOS TEXTOS CONSTITUCIONAIS PÁTRIOS

A concepção de legalidade, de algum modo, sempre esteve presente nos textos constitucionais pátrios, conforme se verifica nesta oportunidade.

De início, registra-se que a Constituição Imperial manifestou a legalidade no seu art. 171. Além disso, o Ato Adicional de 1834 a estendeu às assembleias legislativas provinciais, conforme se verbaliza no art. 10, § 5º, do Ato Adicional de 1834:

> Art. 10. Compete ás mesmas Assembléas legislar: (...) § 5º Sobre a fixação das despezas municipaes e provinciaes, e os impostos para ellas necessarios, com tanto que estes não prejudiquem as imposições geraes do Estado. As Camaras poderão propôr os meios de occorrer ás despezas dos seus municípios (sic)

Por sua vez, na Constituição pós-Império de 1891, a legalidade era expressa do seguinte modo, no seu art. 72, § 30º, e mantida a sua redação na Emenda Constitucional de 1926: "nenhum imposto de qualquer natureza poderá ser cobrado senão em virtude de uma lei que o autorize".

A legalidade foi, outrossim, anotada na Constituição de 1934, apesar de não ter sido expressamente consagrada como garantia individual (Machado, p. 16, 2008), porém se verifica a sua manifestação, de modo cristalino, porquanto, com fulcro no art. 17, inciso VII, é vedado à União e aos demais entes políticos cobrar quaisquer tributos sem lei especial que os autorize, ou fazê-los incidir sobre efeitos já produzidos por atos jurídicos perfeitos.

Aliás, no enunciado sobre a legalidade da Constituição de 1934 em comparação ao da Constituição de 1891, observa-se que naquele em relação a este há maior abrangência de proteção no âmbito tributário, uma vez que (i) na Constituição de 1934 abrange qualquer espécie tributária e não apenas impostos, como ocorre na Constituição de 1891; (ii) o princípio da irretroatividade, coexistente e coextensivo à legalidade no plano temporal, é exposto, em razão

CAPÍTULO 6 • A TIPICIDADE COMO COROLÁRIO DA LEGALIDADE   **105**

do impedimento de se tornar um fato gerador alguma situação já consumada, respeitando os "efeitos já produzidos por atos jurídicos perfeitos".

A Constituição de 1937, redigida pelo jurista Francisco Campos, por seu turno, foi a única que não enunciou explicitamente a legalidade. Contudo, conceito similar pode ser encontrado no referido diploma, *in contrario sensu*, a partir da leitura do art. 13, alínea d, da "Polaca", *in verbis*:

> Art 13 O Presidente da República, nos períodos de recesso do Parlamento ou de dissolução da Câmara dos Deputados, poderá, se o exigirem as necessidades do Estado, expedir decretos-leis sobre as matérias de competência legislativa da União, excetuadas as seguintes:
>
> (...)
>
> d) impostos.

Verifica-se, dessa maneira, que a Constituição de 1937 reduz o campo de proteção da legalidade tributária em relação à Constituição de 1934, para uma única espécie tributária, o imposto. Além do mais, a legalidade, em sentido lato, torna-se, no plano positivo-constitucional, instrumento excepcional que se articula para apenas algumas situações elencadas no texto da Carta Constitucional.

Entretanto, na Constituição de 1946, o princípio da legalidade é manifestado de maneira explícita e plena, considerado topograficamente no texto constitucional como direito e garantia individual, dispondo que "nenhum tributo será exigido ou aumentado sem que a lei o estabeleça", com fulcro no art. 141, § 34º. No entanto, com a Emenda Constitucional 18, de 1965, no art. 2º, inciso I, o princípio da legalidade tributária é mitigado devido à ressalva colocada no art. 2º, inciso I.

Nesse jaez, a própria Emenda permite que as alíquotas e bases de cálculo dos impostos sobre o comércio exterior e o imposto sobre operações financeiras fossem alteradas (tributos sobre os quais predominam a função extrafiscal) nos limites determinados pela lei, conforme se verifica no art. 7º, § 1º:

> § 1º O Poder Executivo pode, nas condições e nos limites estabelecidos em lei, alterar as alíquotas ou as bases de cálculo dos impostos a que se refere este artigo, a fim de ajustá-los aos objetivos da política cambial e de comércio exterior.

Semelhantemente, no que tange ao imposto sobre operações financeiras (sobre operações de crédito, câmbio e seguro, e sobre operações relativas a títulos e valores imobiliários), registra-se, no art. 14, § 1º, que:

> § 1º O Poder Executivo pode, nas condições e nos limites estabelecidos em lei, alterar as alíquotas ou as bases do cálculo do imposto, nos casos do n. I deste artigo, a fim de ajustá-lo aos objetivos da política monetária.

Na Constituição de 1967, pela primeira vez se regula o sistema tributário em capítulo específico, por meio de incorporações de normas da Emenda Constitucional 18/65 (Machado, 2008, p. 17). Nesta senda, o art. 20, inciso I da CF/1967 estabelece o princípio da legalidade tributária como limitação ao poder de tributar dos entes políticos, *in verbis*:

> Art 20. É vedado à União, aos Estados, ao Distrito Federal e aos Municípios:
>
> I – instituir ou aumentar tributo sem que a lei o estabeleça, ressalvados os casos previstos nesta Constituição.

As ressalvas delineadas pela Constituição remetem aos impostos sobre o comércio exterior, bem como ao imposto sobre operações financeiras, uma vez que o Poder Executivo tinha a faculdade de alterar as bases de cálculo e alíquotas, desde que condicionados aos limites da lei, com esteio no art. 22, § 2º da CF/1967. Além disso, o art. 150, § 29º da CF/1967 colacionou rigorosamente o enunciado do art. 141, § 34º da Constituição de 1946: "nenhum tributo será exigido ou aumentado sem que a lei o estabeleça".

Demais, a Emenda Constitucional 1, de 1969 ("Emendão"), que foi considerado por muitos juristas uma nova Constituição, continua a vedar os entes políticos instituir ou aumentar tributo sem que a lei o estabeleça, contudo se acresce à competência da União o imposto sobre produtos industrializados passíveis de se alterar, através do Executivo, as bases de cálculo ou as alíquotas, com fulcro do art. 21, I c/c V do "Emendão", porém se retira da competência da União, no que toca à alteração da base de cálculo e da alíquota através do Executivo, o imposto sobre produtos industrializados. De todo modo, se manteve a legalidade no capítulo "Dos Direitos e Garantias individuais", a teor do art. 153, § 29º, da Emenda Constitucional 1/1969.

Ademais, Hugo de Brito Machado (2017, p. 29), sobre a Constituição de 1988, assevera que o princípio da legalidade tributária se situa no art. 150, I da CF/88, o qual veda aos entes políticos exigir ou aumentar tributo sem lei que o estabeleça, o que não é uma situação nova em face do historial positivo constitucional brasileiro. Entretanto, ressalte-se que o princípio da legalidade foi poderosamente fortificado em razão de certas normas colocadas na Constituição, as quais não são de índole estritamente tributária, embora necessariamente abranja o sistema tributário. Dessa maneira, o professor Hugo de Brito Machado (2017, p. 29) menciona e descreve essas normas da seguinte maneira:

> a) A que atribui competência ao Congresso Nacional para sustar os atos normativos do Poder Executivo que exorbitem do poder de regulamentar ou dos limites da delegação legislativa (art. 49, inciso V); e
>
> b) A que revoga, a partir de cento e oitenta dias da promulgação da Constituição, sujeito a este prazo a prorrogação por lei, todos os dispositivos legais que atribuam ou deleguem a órgão do Poder Executivo competência assinalada pela Constituição ao Congresso Nacional, especialmente no que tange a ação normativa (art. 25, inciso I, do ADCT). Por outro lado,

CAPÍTULO 6 • A TIPICIDADE COMO COROLÁRIO DA LEGALIDADE **107**

também fortaleceram o princípio da legalidade tributária o fato de haver sido proibida a delegação de competência na matéria reservada à lei complementar (art. 68, § 1º) e o fato de haver deixado de ser da competência privativa do Presidente da República a iniciativa das leis sobre matéria tributária. Na verdade, só restou na competência do Presidente da República a iniciativa das leis em matéria tributária relativamente aos Territórios (art. 61, §1º, inciso II, letra "b").

Por fim, saliente-se que o novo sistema tributário brasileiro não mais admite, diferentemente dos textos constitucionais anteriores, a possibilidade de o executivo estabelecer ou modificar a base de cálculo dos tributos, nem mesmo daqueles considerados predominantemente de índole extrafiscal.

2. A LEGALIDADE TRIBUTÁRIA COMO REGRA E PRINCÍPIO

De início, registra-se que a legalidade tributária no ordenamento jurídico brasileiro é um direito fundamental do cidadão contribuinte. A norma constitucional que o funda, articulando os enunciados normativos do art. 150, I da CF/88 e art. 146 da CF/88, é um princípio, em razão da sua fundamentalidade ao sistema jurídico tributário (Machado, 2009, p. 53).

Neste ínterim, antes de se adentrar na especificidade da legalidade, é mister compreender que um princípio, conforme expõe José Souto Maior Borges (1975, pp. 13 - 14), referenciando Celso Antônio Bandeira de Mello, deve ser:

> (...) entendido como a disposição expressa ou implícita, de natureza categorial em um sistema, pelo que conforma o sentido das normas interpretadas em uma dada ordenação jurídica. E mais: que o princípio é um mandamento nuclear de um sistema, verdadeiro alicerce dele, disposição fundamental que se irradia sobre diferentes normas, compondo-lhes o espírito e servindo de critério para a exara compreensão e inteligência delas, exatamente porque define a lógica e a racionalidade do sistema normativo, conferindo-lhe a tônica que lhe dá sentido harmônico, donde o poder concluir-se pela relevância do princípio e da sua supremacia até sobre as próprias normas constitucionais.
>
> Por todas as considerações antecedentes, impõe-se a conclusão pela eficácia eminente dos princípios na interpretação das normas constitucionais. É o princípio que iluminará a inteligência da simples norma; que esclarecerá o conteúdo e os limites da eficácia de normas constitucionais esparsas, as quais têm que harmoniza-se com ele.

Assim sendo, é imperioso dizer que o desrespeito a um princípio constitucional implica em ruptura da Constituição. Com efeito, as consequências de violação de um princípio constitucional se mostram muito mais profundas e graves do que o desrespeito a uma norma jurídica, mesmo que seja de envergadura constitucional (Borges, 1975, pp. 13 - 14), pois os princípios são pedras de toque de todo o sistema jurídico.

Desta maneira, pode-se dizer que os princípios jurídicos fundam o Direito Positivo, assim como constituem a estrutura do sistema jurídico. Em especial, o princípio da legalidade tributária irradia-se para todo o sistema jurídico tributário, ou seja, todas as normas comunicadoras, indicadoras e imperadoras de imposição tributária devem sofrer escrutínio do princípio da legalidade (bem como de outros princípios tributários), a fim de concebê-las como constitucionais ou inconstitucionais; logo, afirma-se que o princípio da legalidade tributária é um dos fundamentos do Direito Positivo Tributário, bem como constitui a estrutura do sistema jurídico tributário. Nessa toada, averba-se que o princípio da legalidade tributária, junto aos outros princípios tributários, compõe os limites do poder de tributar estatal.

Entretanto, compreender a legalidade tributária como princípio, pode nos levar a tomar conclusões que não são condizentes com a própria legalidade como um dos limitadores da competência tributária, uma vez que, em tese, um princípio pode ser ponderado, limitado, mitigado e sopesado por outros princípios.

Por exemplo, nesta linha, poder-se-ia conjecturar que princípios de Direito Ambiental mitiguem o princípio da legalidade, a fim de tornar hipótese de não incidência tributária em tipo tributário, por uma interpretação extensiva à luz de princípios não propriamente tributários. Consideramos, todavia, impraticável esse modo de exegese, uma vez que tal sopesamento, na verdade, feriria nuclearmente o princípio da legalidade tributária e, consequentemente, a Constituição.

Outrossim, seria inconcebível, na esfera da política legislativa tributária, criar legislação tendente a afastar a legalidade tributária, v.g., não se poderia instituir tributo de mero caráter punitivo, desrespeitando de imediato o art. 3º do CTN e, concomitantemente, a legalidade tributária, sob alegação de que o hipotético tributo se fundamentaria nos princípios de Direito Ambiental, excepcionando *in totum* o referido princípio. Ora, a professora Denise Cavalcante (2012, p. 108), no que tange aos tributos de motivação ambiental, assevera que:

> não há que se criar uma conceituação específica de tributo ambiental, considerando que já há uma definição do gênero no art. 3º, do Código Tributário Nacional. Não se trata de uma espécie nova, mas sim de uma nova motivação. Os tributos com fins ambientais, em regra, também não terão exceção à aplicabilidade dos princípios constitucionais tributários.

Portanto, percebe-se, deste exemplo, que a legalidade tributária não pode ser afastada por normas ou princípios na sua aplicação ao caso concreto, situação em que se não cabe a sua relativização.

Neste sentido, faz-se mister compreender que o chamado princípio da legalidade tributária tem efeitos de uma regra, o que afasta a suposta possibilidade de ser sopesado e relativizado por outro princípio, e simultaneamente efeitos de um princípio, visto que a legalidade tributária não pode ser afastada por nenhuma regra em alguma situação pretensamente antinômica (Machado, 2009, p. 53).

CAPÍTULO 6 • A TIPICIDADE COMO COROLÁRIO DA LEGALIDADE **109**

Neste diapasão, consigna-se que a legalidade tributária, sob o entendimento de que princípios e regras são espécies de norma, é regra, à medida que não pode, em nenhuma hipótese ser relativizada ou sopesada, e é um princípio, em razão de sua fundamentalidade ao sistema jurídico tributário. Com isso, no que concerne à legalidade tributária, o professor Hugo de Brito Machado (2009, p. 53) anota que:

> Seja como for, o que não se pode admitir é a consideração da legalidade como princípio apenas para com isto viabilizar sua relativização. É um princípio, sim, por sua fundamentalidade, mas é uma regra, por sua estrutura fechada.

Destarte, a legalidade tributária é um dos instrumentos do Direito Tributário brasileiro limitadores ao poder de tributar, não sendo possível invocá-la com o fito de relativizá-la, por isso que se verifica a "estrutura fechada" da legalidade tributária, enquanto regra.

3. ACEPÇÕES DE LEGALIDADE TRIBUTÁRIA

Brevissimamente, analisa-se a variação etimológica do termo lei, porquanto o é imperativo para se compreender de modo satisfatório a legalidade em sentido amplo e na sua espécie como legalidade tributária.

Pode-se observar três acepções etimológicas no termo lei, as quais se fincam em três verbos latinos que dão a dimensão significativa das acepções, sem contradições entre si, podendo, desta forma, serem aglutinados, em certo aspecto – quando não for utilizado crivo de análise do objeto "lei" de forma mais especificadora –, na concepção de lei por meio do aditivo "e" ao invés do uso excludente do "ou".

Consoante Isidoro de Sevilha (*Etymologiarum*, livro 2, cap. 10), a palavra lei provém do verbo latino *legere,* que significa ler. Desta maneira, a lei é direito escrito ou norma escrita, *ius scriptum* (porquanto aqui se estuda o direito não enquanto justo – acepção primária e original do direito –, mas sim em uma das suas acepções derivadas), que é "lida", em contraposição às normas de fonte costumeira, que não são escritas (*ius non scriptum*).

Demais, conforme São Tomás de Aquino (*S.T, De legibus*, I, II, q. 90, a. 1º c.), relembra André Franco Montoro, o termo lei é proveniente do verbo *ligare,* que significa "ligar", "obrigar" e "vincular". Assim, a lei obriga ou liga, segundo dicção tomista, a pessoa a uma certa maneira de agir (*dicitur lex a ligando, quia obligat ad agendum*).

Por sua vez, Cícero (*De legibus*, liv. I, cap. II) leciona que o termo lei advém de *eligere,* que significa escolher, eleger, uma vez que a lei é a norma escolhida por meio de processo legislativo, como preceito diretivo à atividade humana.

A partir disso, pode-se consignar que a lei enquanto *legere* e *ligare* pode ser correspondida, de certa maneira, a ideia de lei em sentido material, que consiste em "ato jurídico normativo, vale dizer, que contém uma regra de direito objetivo, dotada de hipoteticidade"(Machado, 2019, p. 79), já a lei enquanto *eligere* se aproxima mais à concepção de lei em sentido formal, que consiste em "ato jurídico produzido pelo Poder competente para o exercício da função legislativa"(Machado, 2019, p. 79), à luz dos parâmetros constitucionais.

Dessa maneira, a lei tem um sentido amplo e outro restrito. A lei em sentido amplo deve preencher apenas um dos sentidos enunciados no parágrafo anterior, portanto basta que seja lei em sentido material ou formal. No entanto, para ser lei em sentido restrito, deve ser, de modo cumulativo, materialmente e formalmente lei (Machado, 2019, p. 79).

Assim sendo, consoante o professor Hugo de Brito Machado (2017, p. 23), a legalidade tributária é compreendida de duas maneiras, ei-las: que o tributo, necessariamente, só é válido se cobrado através do consentimento dos cidadãos--pagantes; e que o tributo deve ser exigido por meio de normas postas, de maneira que garanta plenamente a segurança jurídica entre os pagadores das exações e o Fisco.

A ideia de consentimento, contudo, como base para a legalidade em sentido moderno, foi germinada – normalmente parte-se deste registro histórico – mediatamente pela Magna Carta de 1215, outorgada por João Sem Terra, por imposição da nobreza. Desta ideia, por inferência, entende-se que o tributo inexoravelmente deve ser consentido, isto é, nos moldes da sistemática liberal, devem ser aprovados pelo povo, através daqueles que o representa (por meio do Poder Legislativo).

Por conseguinte, as obrigações tributárias ligam-se à ideia de representação política, cuja titularidade do poder político reside neste povo. Portanto, a imposição tributária, para merecer a adjetivação de "jurídica", deve ser, sem nenhuma exceção, autorizada por lei, no entanto esta lei deve ser produto do poder legislativo, porquanto se parte da concepção de que aqueles que irão pagar as exações consentiram, de algum modo, essas imposições tributárias (Machado, 2017, p. 23).

Entretanto, mesmo que a lei instituidora do tributo não manifeste verdadeiramente a vontade popular, ainda sim o tributo deverá ser instituído em lei, como forma de assegurar algum grau de segurança nas relações jurídicas (Machado, 2017, p. 24). Deste modo, observa-se a legalidade como meio de preservação da segurança, não obstante a falta de um dos elementos legitimadores da imposição tributária.

Mister é, todavia, salientar as diferenças entre as meras relações de poder e as relações tributárias. Compreende-se por relação de poder a relação em que nasce, se desenvolve e se extingue sem interveniência de um paradigma regrador

CAPÍTULO 6 • A TIPICIDADE COMO COROLÁRIO DA LEGALIDADE **111**

positivado preestabelecido, que o limite. Por outro lado, a relação jurídica é uma relação em que se nasce, se desenvolve e se extingue segundo regras previamente positivadas (Machado, 2019, pp. 27 – 28). Frise-se, no entanto, que essas diferenciações entre relações de poder e relações jurídicas tem como crivo, ou aspecto de análise do objeto em questão, o direito objetivo (direito positivado), isto é, o direito como norma jurídica escrita (*ius scriptum*), portanto não se discute, para fins deste trabalho, *v.g.*, a juridicidade de um princípio tributário, numa situação de ausência de positivação deste num dado ordenamento jurídico.

Neste sentido, o ator ativo numa relação meramente de poder não se submete aos limites de nenhuma norma jurídica. Subordina-se, tão somente, aos limites de ordem religiosa, física, moral, já quem é um ator ativo numa relação jurídica já se limita aos modelos jurídicos (Machado, 2017, p. 24)

Nesse ínterim, preleciona Hugo de Brito Machado (2019 B, p. 24), no que tange às relações jurídicas e à legalidade, do seguinte modo:

> Adotado o princípio da legalidade, pode-se afirmar, pelo menos, que a relação de tributação não é uma relação simplesmente de poder, mas uma relação jurídica. Isto evidentemente não basta, mas é alguma coisa, menos ruim que o arbítrio. Não garante que o tributo seja consentido, mas preserva de algum modo a segurança.

A legalidade tributária, entretanto, não significa tão somente que é jurídica a relação de tributação; mas sim que esta relação, naquilo que há de essencial, deve ser regulada em lei. Não em qualquer tipo de normatividade jurídica, porém em lei, em sentido estrito (Machado, 2017, p. 25), isto é, a norma deverá ser lei em sentido material e formal.

Neste jaez, no pertinente à legalidade tributária, observa-se a exigência do sentido formal de lei, por meio do consentimento, da escolha, da eleição – *eligere* – por parte do contribuinte, bem como se exige o sentido material de lei, porquanto ela deve ser uma norma posta, escrita, positivada, *ius scriptum,* passível de ser "lida" e com força vinculativa, que se obrigue aos contribuintes a pagarem a exação.

Nesta perspectiva, o professor Hugo de Brito Machado (2017, p. 26), fazendo uso das lições de Dejalma de Campos (1981, p. 217-219), esclarece que a legalidade tributária dever ser analisada no ponto de vista da fonte produtora da norma, bem como se deve averiguar o grau de determinação da conduta. À vista disso, sob o crivo da fonte de produção de normas, classificam-se as leis entre aquelas com reserva de lei material e outra com reserva de lei formal. À primeira, é suficiente que o agir da administração encontre-se autorizada por qualquer norma abstrato e geral, seja uma norma constitucional, infraconstitucional ou mesmo infralegal; contudo, à segunda, o título legal da administração é necessariamente uma norma proveniente do poder legislativo. Por sua vez, no que concerne ao grau de determinação de conduta, há a reserva legal absoluta e a reserva legal relativa. Para esta, a conduta da administração situa-se fundada na lei, porém poderá desenvolver a sua atividade com relativa liberdade, com fulcro no quadro normativo; àquela a conduta da administração é estabelecida completamente em lei, eliminando-lhe qualquer margem de liberdade de ação.

Desse modo, por esses critérios, o tributo deve ser instituído em lei, à luz da legalidade tributária, com reserva formal e absoluta, isto é, a fonte produtora da norma tributária deve ser o poder legislativo, com o fito de harmonizá-lo com o consentimento popular, bem como o tributo dever ser rigorosamente preestabelecido em lei (*lex certa, scripta, stricta et praevia*), sem a possibilidade de complementação dos elementos essenciais da norma tributária por meio de atos ou normas infralegais.

Obtempera alguns, e sem razão, que a legalidade tributária absoluta é empecilho ao desenvolvimento econômico, pois seria um limitante aos instrumentos de política econômica (Machado, 2019 B, p. 27). No entanto, o professor Hugo de Brito Machado (2019 B, p. 27), abroquelado em Alberto Xavier (1978, p. 53), cita-o para mostrar a falsidade do argumento em análise, *in verbis*:

> O princípio da legalidade, como reserva absoluta de lei, não só não se revela incompatível com as modernas políticas econômicas, como é o que melhor se coaduna com os princípios em que assenta uma livre economia de mercado.

Ora, as políticas econômicas – as quais têm como característica subjacente o planejamento – que se não estabelecem nos parâmetros da legalidade tributária absoluta, na verdade, se caracterizam como improvisações, visto que não se pode dizer, de algum modo, que tais "políticas" se coadunaram a algum planejamento, situação a qual traz muitíssima insegurança às iniciativas empresariais (Machado, 2019 B, p. 27).

Nesta toada, Hugo de Brito Machado colaciona magistério de Alberto Xavier (1978, p. 53), do qual se enuncia que:

> (...) um sistema alicerçado numa reserva absoluta de lei em matéria de impostos confere aos sujeitos econômicos a capacidade de prever objetivamente os seus encargos tributários, dando assim as indispensáveis garantias requeridas por uma iniciativa econômica livre e respeitável.

Dessa maneira, verifica-se que a lei instituidora de tributo deve, necessariamente, ser estabelecida com reserva formal e absoluta, sendo mister a descrição de todos os fatores essenciais na norma tributária, além de ser instituída com esteio na inexorável base consensual legitimadora da exação, através do poder legislativo.

4. A TIPICIDADE COMO COROLÁRIO DA LEGALIDADE TRIBUTÁRIA

A legalidade tributária, em certa perspectiva, é um princípio inerente à segurança jurídica, é um corolário dela, tendo em vista que é impossível estabelecer segurança nas relações jurídicas tributárias, sem a proteção da legalidade tributária como mecanismo de limite ao poder de tributar.

A legalidade tributária, entretanto, para que alcance o seu fim, como mecanismo de proteção de modo imediato da segurança jurídica e de modo mediato como forma de limitação ao poder de tributar, necessita da concretização de uma das suas características essenciais: a tipicidade. Nesta linha, só há verdadeiramente, no âmbito das relações tributárias, a legalidade, quando os requisitos da tipicidade são atendidos (MACHADO, 2009, p. 58), ou seja,

> O princípio da legalidade tributária, para ser uma garantia efetiva dos direitos fundamentais do contribuinte, exige que a palavra lei, em seu enunciado, seja entendida em seu sentido restrito, e que se considere nele implícita a exigência de tipicidade (Machado, 2009, p. 56).

Nesta senda, Ives Gandra Martins (1984, p. 32), anota que a legalidade garante ao sujeito passivo de uma relação tributária a segurança de que só a lei o obriga a pagar uma exação. A lei – norma jurídica tributária –, averba-se, necessariamente tem que ser emanada pelo poder legislativo, isto é, por um poder independente daquele que é beneficiado pela execução de tributos. Além disso, não se permite, em nenhuma hipótese, que a norma jurídica tributária seja interpretada de modo maleável e flexível. Assim sendo, o catedrático da Mackenzie registra que:

> À estrita legalidade, à indelegabilidade de competência deve-se acrescentar a tipologia cerrada, fechada, inelástica, contendo a norma toda a configuração pertinente e própria à imposição pretendida.
>
> Os princípios tributários pressupondo uma relação de subordinação não autorizam maleabilidade exegética, seja em sua regulamentação, seja em sua aplicação, assemelhando-se, por via de consequência, suas normas às normas próprias do direito penal.

Frise-se, demais, que a tipicidade não é autônoma à legalidade, mas é uma manifestação deste princípio como reserva absoluta de lei, toda vez que este princípio se desenvolve por considerações estritas de segurança jurídica (Xavier, 1978, p. 69-70).

A tipicidade, neste sentido, é a técnica mais escorreita e adequada ao real entendimento conteudístico da reserva absoluta da lei e, destarte, dos limites que a lei tributária impõe aos desejos dos órgãos executores da matéria tributária. Com efeito, em razão da tipificação e da tipologia tributária, é que se verifica nitidamente os alcances e limites da regra *nullum tributum sine lege*, só desta forma se pode rigorosamente delimitar a circunscrição das matérias que, estribado na legalidade, encontram-se reservadas à lei (Xavier, 1978, p. 69-70).

A compreensão da legalidade e da tipicidade no contexto tributário assemelha-se profundamente as concepções deles no direito penal, porquanto não é admissível o tipo penal plenamente aberto, assim como "não se pode admitir tributo sem definição legal do tipo sobre o qual incide a lei tributária" (Machado, 2009, p. 59).

No que concerne ao princípio da taxatividade e da segurança jurídica no direito penal, observa-se, outrossim, a maneira estrita de se conceber a legalidade, não se permitindo vagueza nas normas incriminadoras, *tale quale* se verifica no direito tributário. Neste sentido, os penalistas espanhóis Francisco Muñoz Conde e Mercedes García Arán (1993, p. 95-96) ensinam que:

> La garantia por la definicion de delitos y penas se reserva al legislador no es una exigencia meramente formalista (...) sino que se relaciona con el contenido material del principio da legalidade: para que realmente la ley cumpla con la función de estabelecer cuáles son las conductas punibles debe hacerlo de forma clara y concreta, sin acudir a términos excessivamente vagos que dejen de hecho em la indefinición el ámbito de lo punible. La vaguedad de las definiciones penales, además de privar de contenido material al principio de legalidade, disminuye o elimina la seguridad jurídica (...).

> Este contenido de seguridade jurídica – la garantia material – es que monopoliza el legislador mediante la reserva de ley; por mucho que em um reglamento dictado por la Administración puedan definirse conductas con exquisita precisión, el principio de legalidade em nuestro sistema exige que sea precisamente el legislador quien se encargue de delimitar claramente lo que se castiga mediante la norma penal, sencillamente porque la representación popular sobre la que se asienta es la que le legitima para ello. Por tanto, si órganos no legislativos definieran delitos, no se quebrantaría simplemente uma exigencia formal, sino también los motivos por los que dicha forma se establece.

> La exigencia de clara determinación de las conductas punibles se expressa en el denominado principio de taxatividad o mandato de certeza, cuyo cumplimiento plantea uno de los problemas más arduos del manejo correcto de la técnica legislativa.

De mesma maneira, o direito tributário exige rigorosamente (e sem vagueza) o estabelecimento por meio de lei das condutas que sofrerão incidência das normas jurídicas tributárias, a fim de exsurgir a obrigação tributária por parte do contribuinte.

Neste teor, em continuidade com o paralelo entre o direito tributário e o direito penal, verifica-se que devem ser eliminadas no sistema jurídico tributário as "normas tributárias em branco" que acabam por serem definidas ou irregularmente significadas pela administração, que é interessada pela imposição tributária, assim como se observa no direito penal, pois é exigência da taxatividade (postulado da legalidade) que se elimine do direito penal as normas penais em branco. Neste sentido, Juarez Tavares (2020, p. 75-76) preleciona que:

> É uma consequência do postulado da taxatividade, que sejam eliminadas do direito penal as chamadas normas penais em branco, nas quais a proibição ou a determinação são com-

CAPÍTULO 6 • A TIPICIDADE COMO COROLÁRIO DA LEGALIDADE **115**

plementadas por normas secundárias, geralmente resoluções administrativas editadas segundo a conveniência do governante, sem a possibilidade, no mínimo, de sua discussão no Parlamento. Essas normas penais em branco constituem, por isso mesmo, uma burla ao sistema de separação dos poderes, em que o órgão destinado a legislar se vê desvinculado de sua função originária, a qual passa a ser exercida arbitrariamente pelo Executivo.

Ademais, a reserva absoluta da lei requer que a lei tributária se transforme em *lex stricta* (princípio da estrita legalidade), que veicula não apenas o fim, porém também a próprio conteúdo da decisão em caso concreto, obrigando o órgão aplicador a realizar tão só a subsunção do fato à norma (Xavier, 2001, p. 18).

As leis, por isso, que instituem tributos são normas de decisão material, porquanto, em contraposição ao que se verifica nas normas de ação, não se adstringem a autorizar o órgão aplicador a realizar de forma relativamente livre um poder ante os administrados, mas sim lhe estabelecem crivo para a decisão concreta, preestabelecendo de maneira integral o seu conteúdo (Xavier, 2001, p. 18).

O princípio da reserva absoluta da lei ou da tipicidade, corolário da legalidade tributária, também tem corolários, a saber: o princípio da seleção, o princípio do *numerus clausus*, o princípio do exclusivismo e o princípio da determinação ou da tipicidade fechada (Xavier, 2001, p. 18).

Primeiro, devido ao princípio da seleção, não é possível que o legislador descreva o tributo utilizando de conceito ou cláusula geral, captando todas a situações tributáveis, isto é, todas as aquelas situações reveladoras de signo presuntivo de riqueza, das quais se desvelam a capacidade contributiva. Contrariamente, deve haver uma tipologia nos tributos, com os tipos ou modelos selecionados pelo legislador, e manifestado na lei, das situações em que se pretende tributar. Portanto, daquilo que é possível tipificar para a tributação, apenas uma parcela disto que será tipificada; assim sendo, há situações excluídas pela seletividade do poder legislativo, mesmo que haja capacidade contributiva nelas (Xavier, 2001, p. 18).

O princípio *numerus clausus* é um especificador do princípio da seleção, visto que este se limita a dizer que o legislador deve elaborar os tributos por meio de uma tipologia, entrementes aquele desvela que a taxatividade, de entre as três maneiras possíveis de tipologia (exemplificativa, taxativa e delimitativa), é forma da tipologia tributária. Por conseguinte, o fato tributário é um fato típico, que é mister para que se produza efeitos, a correspondência de todos os elementos da lei instituidora de tributos ao tipo abstrato em lei (Xavier, 2001, p. 19).

O princípio do exclusivismo enuncia que a adequação das situações aos tipos tributários é razão suficiente e necessária à tributação. A tipicidade, anota-se, é fechada, pois não é permitido acréscimo de elementos fora da descrição normativa legal (Xavier, 2001, p. 19).

Além do mais, o princípio da tipicidade fechada ou da determinação revela que os elementos constitutivos do tipo devem ser precisos e determinados no paradigma legal, de maneira que o órgão aplicador não introduza critérios subjetivos e exógenos ao que se encontra na lei, quando se aplica o modelo normativo tributário ao caso concreto. Em outros termos:

> exige a utilização de conceitos determinados, entendendo-se por estes (e tendo em vista a indeterminação imanente a todo o conceito) aqueles que não afetam a segurança jurídica dos cidadãos, isto é, a sua capacidade de previsão objetiva dos seus direitos e deveres tributários (Xavier, 2001, p. 19).

Observa-se, assim, que os corolários da tipicidade no Direito Tributário são correspondentes aos ditados pela doutrina de Direito Penal. De fato, a legalidade sem a tipicidade mostra-se completamente insuficiente, tanto no Direito Penal quanto no Direito Tributário; a tipicidade, dessarte, é essencial como garantia em face do arbítrio estatal. Neste diapasão, verifica-se que a tipicidade é corolário da legalidade, assim como a legalidade tributária é corolário da segurança jurídica.

5. CONSIDERAÇÕES FINAIS

Inicialmente, observou-se que o sistema jurídico tributário constitucional fortificou as garantias do contribuinte ante o poder de tributar estatal em relação aos textos constitucionais pretéritos; uma vez que, *v.g*, retirou-se da competência privativa do Presidente da República a iniciativa das leis em matéria tributária, além de proibir a delegação de competência em matéria reservada à lei complementar. Assim sendo, a Constituição de 1988 inflacionou o poderio da legalidade tributária como mecanismo constitucional de limitação ao poder de tributar.

Após isso, mostrou-se que o tributo só deve ser instituído em lei com reserva formal e absoluta, com esteio na legalidade tributária, isto é, a fonte produtora da norma tributária deve ser o poder legislativo, com o fito de harmonizá-lo com o consentimento popular – para que, ao menos, se presuma a ideia de "autotributação" nas relações tributárias – , bem como o tributo dever ser rigorosamente preestabelecido em lei, sendo inconcebível a complementação dos elementos essenciais da norma tributária por meio de atos ou normas infralegais.

Por derradeiro, demonstrou-se que a legalidade tributária sem a tipicidade torna baldado o esforço do Direito Tributário como instrumento de limitação ao poder de tributar estatal. De fato, a legalidade sem a tipicidade mostra-se completamente insuficiente ao Direito Tributário; a tipicidade, portanto, no âmbito tributário, é condição necessária para a proteção do cidadão em face do arbítrio estatal. Logo, observa-se que a tipicidade (tipicidade fechada, cerrada) é corolário da legalidade, assim como a legalidade tributária é corolário da segurança jurídica.

REFERÊNCIAS

AQUINO, Tomás de. *Suma Teológica*. São Paulo: edições Loyola, 2005. v. 4.

ARÁN, Mercedes García; CONDE, Francisco Muñoz. *Derecho Penal*: Parte General. Valencia: Tirant lo Blanch, 1993.

ÁVILA, Humberto. Legalidade tributária multidimensional. In: FERRAZ, Roberto (Coord.). *Princípios e limites da tributação*. São Paulo: Quartier Latin, 2005.

ÁVILA, Humberto. *Teoria dos Princípios*. 13. ed., rev. e ampl. São Paulo: Malheiros, 2012.

BORGES, José Souto Maior. *Lei Complementar Tributária*. São Paulo: Ed. RT/Educ, 1975.

CAMPOS, Dejalma de. O Princípio da Legalidade no Direito Tributário. *Caderno de Pesquisas Tributárias*, São Paulo: CEEU/Resenha Tributária, 1981.

CAVALCANTE, Denise Lucena. Tributação ambiental: por uma remodelação ecológica dos tributos. *NOMOS: Revista do Programa de Pós-Graduação em Direito da UFC*, Fortaleza, v. 32, n. 2, p. 101-115. 2012.

CÍCERO. Marco Túlio Cícero. *Sobre as leis (De Legibus)*. Trad.: Bruno Amaro Lacerda, Charlene Martins Miotti. Juiz de Fora: Editora UFJF, 2021.

MACHADO, Hugo de Brito. *Comentários ao código tributário nacional*. 2. ed. São Paulo: Atlas, 2008. v. II.

MACHADO, Hugo de Brito. Curso de direito tributário. 40. ed. rev. e atual. São Paulo: Malheiros, 2019.

MACHADO, Hugo de Brito. *Os direitos fundamentais do contribuinte e a efetividade da jurisdição*. Recife: Tese, Universidade Federal de Pernambuco, 2009.

MACHADO, Hugo de Brito. *Os princípios jurídicos da tributação na Constituição de 1988*. 6. ed., rev. e atual. São Paulo: Malheiros, 2019 (B).

MARTINS, Ives Gandra. *Sistema tributário nacional na Constituição de 1988*. 3. ed. aum. São Paulo: Saraiva, 1991.

MARTINS, Ives Gandra. *Teoria da imposição tributária*. São Paulo: Saraiva, 1983.

MAXIMILIANO, Carlos. *Hermenêutica e aplicação do direito*. 9. ed., 2. tir. Rio de Janeiro: Forense, 1981.

MONTORO, André Franco. *Introdução à ciência do direito*. 5. ed. São Paulo: Martins, 1973. v. 2.

SEVILHA, Isidoro de. *Etymologiae*. Trad. Silvio Somer. Entrepalavras, Fortaleza, v. 7, p. 592-602, jan./jun. 2017.

TAVARES, Juarez. *Fundamentos de teoria do delito*. 3. ed. São Paulo: Tirant lo Blanch, 2020.

XAVIER, Alberto. *Os princípios da legalidade e da tipicidade da tributação*. São Paulo: Ed. RT, 1978.

XAVIER, Alberto. *Tipicidade da tributação, simulação e norma antielisiva*. São Paulo: Dialética, 2001.

Capítulo 7
O CONSEQUENCIALISMO NA MODULAÇÃO DE EFEITOS EM MATÉRIA TRIBUTÁRIA

Rodrigo Damasceno Leitão

Mestrando em Direito (UFC) e Pós-Graduado em Direito Tributário pela Universidade de Fortaleza (UNIFOR). Advogado. E-mail: rodrigodl.adv@gmail.com.

Sumário: Introdução – 1. A modulação de efeitos: origem e atual aplicabilidade em matéria tributária – 2. O consequencialismo jurídico – 3. E as consequências do consequencialismo? – Considerações finais – Referências.

INTRODUÇÃO

Diante da crise política vivenciada no cenário pátrio, o Judiciário, sendo o único Poder formado por integrantes não eleitos pelo povo, tem desempenhado papel bastante ativo no direito brasileiro, intermediando conflitos não apenas entre os jurisdicionados, mas também entre os demais poderes da República.

Nesse contexto, a intensificação da utilização de um instituto em particular tem ganhado os holofotes no Supremo Tribunal Federal: a modulação de efeitos das decisões judiciais.

Percebe-se – não por coincidência – que a potencialização do efeito modulador tem se feito presente, predominantemente, em matéria tributária, muito pelo impacto econômico-financeiro decorrente de decisões que consideram inconstitucional a cobrança de determinada exação arrecadada ao longo do tempo, o que, regra geral, resultaria na obrigação de o Ente "restituir" – *ex vi* precatório, requisição de pequeno valor, restituição administrativa, compensação ou levantamento de depósitos judiciais – tais valores, gerando considerável prejuízo aos cofres públicos.

Aliás, tal argumento, ora tido como essencialmente não jurídico, mas econômico, e com feição consequencialista – vez que se preocupa, em essência, com as consequências que porventura resultariam pela produção de efeitos *ex tunc* da decisão judicial que reconhecesse a inconstitucionalidade – tem se mostrado como o principal fundamento prático utilizado pela Suprema Corte para argumentar em prol da modulação.

Eis onde reside a problemática que se pretende responder com o presente trabalho, partindo-se do seguinte questionamento: os argumentos consequencialistas adotados pelo STF são suficientes para possibilitar a modulação de efeitos das decisões judiciais proferidas em controle de constitucionalidade?

A obtenção de tal resposta resulta no objetivo geral deste trabalho, qual seja: analisar a jurisprudência do STF no que diz respeito à aplicação da modulação de efeitos em matéria tributária, com foco em identificar se os argumentos utilizados coadunam com a excepcionalidade do instituto, notadamente com a necessária observância à segurança jurídica.

Complementarmente, os objetivos específicos consistem em: analisar a origem da modulação de efeitos e os critérios utilizados para sua aplicação; examinar a influência do argumento consequencialista no direito, em especial do argumento econômico-financeiro na conclusão do STF pela modulação de efeitos; identificar se há outras consequências não previstas ou não aprofundadas nos votos condutores dos acórdãos a contrapor o argumento econômico.

Portanto, trata-se de tema de suma relevância a todos os jurisdicionados, na medida em que o Poder Judiciário, direta ou indiretamente, acaba por ser um dos atores na regulação de condutas, sendo certo que, havendo vácuo ou obscuridade legislativa que gere grau de dúvida apto a promover eventuais excessos e arbitrariedades praticados pelos representantes do Executivo, será uma resposta do Judiciário que firmará a (in)constitucionalidade de determinada norma e norteará a correção no agir, ou não, para o futuro, sem prejuízo de poder desfazer atos passados.

Desse modo, para o presente trabalho, a metodologia adotada partiu de um estudo bibliográfico acerca da modulação de efeitos das decisões judiciais e do argumento consequencialista, com diálogo transnacional, focando, evidentemente, em suas repercussões jurídicas no direito brasileiro.

Para aprofundar a pesquisa proposta, pretende-se realizar o método empírico-jurisprudencial de casos concretos em que houve a atribuição de efeitos prospectivos por motivação econômica, visando averiguar a adequação às raízes históricas do efeito modulador.

Tal estudo de casos, como método de investigação, dar-se-á em duas perspectivas.

A primeira quantitativa, a exemplo da ferramenta de jurimetria utilizada, como meio de se analisar o número de processos que foram ajuizados sobre determinado tema, período, jurisdição, competência, rito, entre outros fatores discriminados.

A segunda qualitativa, com tolerância à ambiguidade, sob a ciência de que não há uma conclusão predeterminada para os problemas enfrentados, convivendo-se com dúvidas e incertezas; bem como à sensibilidade, isto é, percepção de que observações e análises estarão sendo filtradas pelo ponto de vista do pes-

CAPÍTULO 7 • O CONSEQUENCIALISMO NA MODULAÇÃO DE EFEITOS EM MATÉRIA TRIBUTÁRIA

quisador, por seus pré-conceitos e por sua visão filosófica, política, ideológica de mundo (André, 2008).

Sob essa óptica, o artigo se divide em três capítulos, de modo que, no primeiro, traçar-se-á o panorama da modulação de efeitos, abordando aspectos centrais que motivaram sua criação, as leis internas que positivaram referido instituto no ordenamento jurídico brasileiro, utilizando-se de exemplos práticos de sua aplicação, como o julgamento da ADI 2.240/BA, referente ao Município de Luís Eduardo Magalhães.

No segundo capítulo, será analisado o argumento consequencialista, da imprecisão de sua incorporação ao direito brasileiro, à relevância que alcançou, de forma que o argumento econômico-financeiro atingiu o topo argumentativo quando se trata de adequar a fundamentação de decisões judiciais à atribuição de efeitos *ex nunc* a decisões de inconstitucionalidade.

No terceiro capítulo, o estudo abordará as consequências da decisão consequencialista – com proposital redundância –, colacionando outras consequências advindas do uso excessivo da modulação de efeitos, para além do critério econômico tipicamente enfrentado pelo Tribunal, sem a pretensão, por óbvio, de exaurir todas as consequências possíveis.

Ao final, perceber-se-á se o Tribunal Constitucional brasileiro tem se utilizado de critérios adequados para modular os efeitos no tempo, ou se tem se apropriado de argumentos que, em aparente defesa da segurança jurídica, na verdade, rompem com esta.

1. A MODULAÇÃO DE EFEITOS: ORIGEM E ATUAL APLICABILIDADE EM MATÉRIA TRIBUTÁRIA

Em tempos remotos, cabendo ao Poder Judiciário a função clássica de "dizer o direito" no caso concreto, não havia o que se falar em atribuição de efeitos prospectivos às decisões judiciais, pois seria o mesmo que proferir uma decisão sem solucionar o litígio, tornando a atividade judicante inefetiva por não sanar o motivo que fez com que as partes levassem a contenda ao Judiciário.

Atrelado a isso, posto no mundo jurídico, um precedente judicial possuía tamanha higidez que sequer podia ser superado,[1] o que, de forma clara, atual-

---

1. No direito inglês, aproximadamente de 1898, com o julgamento do *case London Street Tramways vs. London Country Council*, até 1966, com o *Practice Statement*, a *House of Lords* adotava um posicionamento de vinculação absoluta aos precedentes, ou seja, estes deveriam ser seguidos pela própria corte que o emanava e pelas cortes inferiores, não podendo, em nenhuma hipótese, ser superado pelos próprios tribunais (*overruling*), mas, tão somente, mediante revogação expressa por meio do Parlamento. (Streck, 2014).

mente, não é compatível com os sistemas jurídicos modernos, que observam as mudanças econômicas, políticas e sociais inerentes à vida dinâmica em sociedade e que devem, por conseguinte, ser acompanhadas pelo direito, até mesmo porque uma fundamentação com base em precedentes só faz sentido quando há compatibilidade com o lugar, data e contexto.

Com a evolução do direito, seja para permitir a mudança jurisprudencial pela superação de um precedente anterior – *overruling*, seja pela declaração de inconstitucionalidade de uma lei a avaliando em tese – controle concentrado, mantivera-se uma problemática que clamava por solução: a até então pacífica retroatividade de tais decisões judiciais.

Independentemente do entendimento de que uma declaração de inconstitucionalidade afetasse o ato normativo no seu campo de existência ou validade, fato é que o ato, imediatamente, deixava de produzir efeitos no mundo jurídico e, como decorrência de se tratar de um ato injusto/incorreto desde a sua concepção, os efeitos da decisão alcançavam o passado.

Consequentemente, ocorria de juízes ou tribunais serem forçados a manter precedentes incorretos, movidos por um ímpeto de justiça, na medida em que a superação e seus necessários efeitos *ex tunc* poderiam trazer inúmeros prejuízos aos indivíduos, frustrando suas legítimas expectativas derivadas de um ato que gozava de estabilidade no ordenamento, por considerável período (Peixoto, 2019).

Desse modo, eventuais mudanças no rumo da sociedade apenas eram incorporadas no mundo jurídico pelo Poder Legislativo, justamente pelo típico efeito *ex nunc* da lei nova ou da revogação, frente à retroatividade de uma decisão de inconstitucionalidade.

Ou seja, a influência que o Poder Judiciário gozava seria de proferir reiteradas decisões, à luz de casos concretos similares, e ditos posicionamentos, consolidados na forma de jurisprudência, motivassem os legisladores a formularem leis, que iniciariam suas vigências futuras, sem modificar relações jurídicas firmadas no passado.

Nesse contexto, sendo insustentável a manutenção de normas inconstitucionais e se chegando à percepção de que a irrestrita atribuição de efeitos *ex tunc* poderia resultar em uma situação fática ainda mais inconstitucional do que aquela inconstitucionalidade afastada pelo tribunal, passou-se a mitigar a retroatividade absoluta, permitindo que os efeitos da decisão fossem protraídos no tempo, respeitada a excepcionalidade do que viria a se popularizar como a modulação de efeitos.

Entre vários critérios subjetivos e inicialmente desorganizados para a utilização do instituto, a proteção à segurança jurídica se mostrava como a pedra

CAPÍTULO 7 • O CONSEQUENCIALISMO NA MODULAÇÃO DE EFEITOS EM MATÉRIA TRIBUTÁRIA | **123**

angular, como o fim máximo a ser observado, e sem a qual não se deveria cogitar atribuir efeitos futuros às decisões judiciais.

É nessa perspectiva que a segurança jurídica possui *status* constitucional, não como um mero dispositivo posto, mas como um pilar da base organizacional do Estado de Direito, juntamente com o ideal de Justiça, servindo de ponto comum entre os Poderes Legislativo, Executivo e Judiciário.

Entre as mais variadas definições e classificações de segurança jurídica, exige-se que o direito, pela sua própria finalidade de regular condutas, seja compreensível, ou seja, positivado de modo claro e determinado, a ser entendido pelos jurisdicionados; estável, de modo que permaneça inalterado no mundo jurídico, por um razoável período, ou que, pelo menos, não seja alvo de mudanças abruptas; e previsível, a fim de que se saiba, exatamente, as consequências futuras de um ato praticado no presente (Ávila, 2016).

Em complemento, um sistema sem o alicerce da estabilidade seria aquele em que há mudanças bruscas de entendimentos então consolidados, sem critério, justificativa ou sinalização prévia, o que vai de encontro ao princípio da confiança legítima, na medida em que infringe as justas expectativas dos jurisdicionados. Agir sem tal compromisso importa em conviver sob a égide de uma "jurisprudência lotérica", conforme termo cunhado por Lopes Filho (2016, p. 285-286).

No direito brasileiro, incorporando a modulação de efeitos,[2] o legislador não se limitou a elencar o requisito da segurança jurídica, mas também a acompanhou do excepcional interesse social.[3]

Esse segundo requisito, que se diferencia do interesse público, pode ser tido como uma necessária proteção aos direitos e garantias dos cidadãos vistos como uma coletividade, com o olhar voltado ao bem-comum, não se ignorando o caráter político e o elevado grau de abstração do termo elencado pelo legislador.

Eis porque uma equivocada interpretação do conceito tem fomentado o uso desenfreado da modulação de efeitos, haja vista que, inevitavelmente, os conflitos tributários entre fisco e contribuintes envolvem questões pecuniárias e sempre a vitória destes ensejará em prejuízo aos cofres públicos que, em última instância, mitigaria o exercício de políticas públicas em prol da sociedade.

---

2. Lei 9.868, de 10 de novembro de 1999, que dispõe sobre a Ação Direta de Inconstitucionalidade (ADI) e sobre a Ação Declaratória de Constitucionalidade (ADC); Lei 9.882, de 3 de dezembro de 1999, que dispõe sobre a Arguição de Descumprimento de Preceito Fundamental (ADPF); e Código de Processo Civil (CPC).

3. No CPC (art. 927, § 3º), o legislador retirou o adjetivo "excepcional" que antecedia "interesse social", conforme redação que consta na Lei 9.868/1999 (art. 27) e na Lei 9.882/1999 (art. 11).

Não parece ser essa a raiz histórica do instituto, tampouco a interpretação que se extrai da exposição de motivos do Projeto de Lei 2.960, de 1997, ao determinar que o STF – até então único legitimado a utilizar o instituto – deveria ponderar entre o princípio da nulidade da lei inconstitucional e a segurança jurídica e interesse social, a fim de afirmar se "a declaração de nulidade acabaria por distanciar-se ainda mais da vontade constitucional" (Brasil, 1997). Ou seja, o argumento jurídico extraído da Constituição não poderia ser desconsiderado.

Para fins ilustrativos, imagine-se que o Poder Executivo, em cumprimento formal à sua função atípica de legislar, editou decreto reduzindo as alíquotas do imposto sobre produtos industrializados (IPI) a zero, em exceção à legalidade prevista no art. 153, § 1º, da Constituição Federal, visando atender política tributária extrafiscal. Contudo, imagine-se que os produtos desonerados tenham sido cigarros e cigarrilhas. Sucede que, anos após, a Suprema Corte venha a entender tal redução como inconstitucional, por violação à seletividade, conforme art. 153, § 3º, da Constituição.

Ora, caso a decisão fosse aplicada retroativamente, todos os contribuintes que se beneficiaram da alíquota zero apenas por cumprir a lei – que goza de presunção de constitucionalidade – durante o período em que a mesma estava em vigor, teriam que suportar o dever de restituir todos os valores pagos a menos, respeitada a prescrição quinquenal, gerando graves consequências que confrontam a segurança jurídica, a estabilidade das relações sociais e a proteção da confiança legítima.

Saindo do plano ilustrativo e adentrando em caso real, exemplo clássico ocorrido no direito brasileiro consiste no julgamento da ADI 2.240/BA, sob a relatoria do min. Eros Grau, em que o STF declarou a inconstitucionalidade da Lei 7.619, de 30 de março de 2000, do Estado da Bahia, que criava o Município de Luís Eduardo Magalhães,[4] contudo, preservou a continuidade do município e os atos por ele praticados.

O argumento predominante consistiu nas consequências práticas de eventual atribuição de efeitos retroativos, que acarretariam na extinção de um município que já existia há cerca de sete anos, contando com todas as características dos demais municípios existentes, como o fato de possuir lei orgânica e mais de duzentas leis municipais, Prefeito e Vice-Prefeito, Vereadores, prestação de serviços públicos, arrecadação de tributos etc. (Brasil, 2007, *online*).

Ambos os exemplos acima – hipotético e real – trazem uma necessária proteção dos indivíduos contra o Poder do Estado, o qual, ele próprio, criou leis que

---

4. Na Alemanha, em 1951, o Tribunal Constitucional Federal também entendeu pela inconstitucionalidade de uma lei que criava novos Estados na República Federal da Alemanha, contudo, enfrentando a modulação de efeitos, afastou-a, prezando pelo formalismo decorrente dos efeitos *ex tunc* e da nulidade de leis contrárias à *Grundgesetz*.

geraram cenários de incerteza solucionados pelo Judiciário, não cabendo suportar o malefício quem apenas agiu em seu dever legal de cumpri-las, contribuintes e jurisdicionados em geral, motivo pelo qual se visualiza a assertividade do uso da modulação.

Embora não haja uma impossibilidade de atribuir efeitos futuros em prol do Estado, Machado Segundo (2021, p. 86), afora do direito brasileiro, destaca os requisitos consolidados no âmbito da Corte Europeia de Justiça, sejam eles: a necessidade de boa-fé proveniente da parte que seria impactada pela limitação temporal, ou seja, que não fosse possível lhe imputar a responsabilidade por não prever o resultado danoso; cumulativamente, a exigência de que o prejuízo econômico, caso exista, seja relevante e objetivamente comprovado, sendo o ônus da prova de quem argumenta pela modulação.

A contrario sensu, a utilização do instituto seria afastada nos casos em que a criação da norma já é feita em descompasso com entendimento jurisprudencial dos tribunais superiores que deveria ser conhecido; ou nos casos em que, mesmo superado o requisito acima e editado de boa-fé, houver argumentos genéricos acerca do dano ao erário, insuficientes para formar o convencimento do julgador quanto à certeza e magnitude. Em outros termos, os critérios de modulação no Direito Europeu não envolvem a mera escusa para restituir contribuintes de arrecadações indevidas.

Relembre-se que o Tribunal de Justiça Europeu tem sua competência limitada a decidir se uma norma do direito interno de um país membro está em conformidade ou em violação ao direito comum, devendo suas decisões serem observadas pelos tribunais nacionais a ele vinculados.

Tais decisões costumam ter efeitos retroativos, haja vista que o Tribunal fornece uma interpretação que alcança a data em que a norma entrou em vigor, contudo, em 1976, debruçando-se sobre o *case Defrenne v Sabena*, a Corte inaugurou a utilização de efeitos prospectivos, mesmo sem qualquer previsão legal, esclarecendo, todavia, que a limitação temporal apenas poderia ser utilizada excepcionalmente, como um "freio de emergência" (Lang, 2014).

Embora não tributária, a questão, que envolvia a pretensão por igualdade salarial entre homens e mulheres que exerciam o mesmo trabalho, teve como ponto crucial a confiança legítima de as empresas apenas estarem cumprindo exatamente o que a legislação local previa, não podendo ser surpreendidas com o afastamento da norma e com a cobrança de diferenças salariais que poderiam conduzir à sua falência, fomentando um cenário de insegurança jurídica.

Note-se que, mesmo entre particulares, a modulação também fora utilizada em prol de quem não se podia imputar má-fé pelo cumprimento da lei vigente. Apesar disso, ressalvou o direito às mulheres que haviam ingressado com a ação até a data do julgamento, as quais fizeram jus à restituição, prática esta que também tem se mostrado corriqueira na jurisprudência brasileira.

Nada obstante as consequências da decisão estarem presentes quando se decide pela restrição ao efeito retroativo, os mais recentes julgados do STF tem revelado no risco orçamentário o principal fundamento utilizado pelos ministros; convém aprofundar o uso do argumento consequencialista no direito.

2. O CONSEQUENCIALISMO JURÍDICO

No convívio em sociedade, é natural que se recorra às mais diversas formas de interpretação e múltiplos critérios pelos quais se resulta em uma tomada de decisão pelo indivíduo.

No Direito, não poderia ser diferente. Goza de importância ímpar a argumentação desenvolvida pelas partes, que, muitas vezes, deixa de ser essencialmente jurídica, podendo vir acompanhada de elementos econômicos, políticos, sociais, religiosos, filosóficos, sociológicos etc.

Portanto, não é novidade do século XXI a utilização de argumentos não jurídicos em essência para formar o convencimento dos julgadores e, consequentemente, as ditas decisões judiciais passaram a, também, conter critérios extrajurídicos em suas motivações e fundamentações.

Um desses critérios, surgido nas relações humanas e incorporado ao Direito, avalia a correção ou incorreção de determinado ato pelas consequências que o mesmo produzirá. Eis o que se denomina de "consequencialismo", classificado como uma teoria ética dentro da filosofia moral.

O termo foi cunhado em 1958, em artigo denominado "Modern Moral Philosophy", escrito pela filósofa G. E. M. Anscombe, em crítica às teorias morais utilitaristas de Jeremy Bentham (1789) e John Stuart Mill (1861), que veem as consequências como a única base para julgar a moralidade de uma ação, consequências tais que devem visar a máxima felicidade ao maior número de pessoas, ou, em outra acepção, o mínimo de infelicidade possível (Vidal, 2021).

Exemplo ilustrativo pode ser extraído do conhecido *trolley dilemma* (dilema do vagão). Sandel (2013, p. 30-33) narra a história hipotética de um bonde desgovernado que está em alta velocidade e prestes a colidir com cinco operários que estão trabalhando nos trilhos por onde ele passará. O motorneiro percebe a possibilidade de desviar o bonde para um trilho à direita, em que se encontra um único trabalhador. O que fazer diante dessa situação? Deixar que o bonde colida com os cinco operários, ou desviá-lo para que colida apenas com um, considerando a certeza do evento morte para quaisquer das colisões?

CAPÍTULO 7 • O CONSEQUENCIALISMO NA MODULAÇÃO DE EFEITOS EM MATÉRIA TRIBUTÁRIA

Posto o dilema acima, o consequencialismo daria uma reposta positiva para desviar o bonde, pois sua ação seria julgada pela consequência atingida e, matematicamente, salvar cinco vidas em vez de uma parece a coisa certa a ser feita.

No plano das decisões judiciais, além dos fundamentos jurídicos tipicamente utilizados para se chegar à conclusão de casos concretos, os juízes e tribunais passaram a também considerar as consequências práticas que seus provimentos resultariam no mundo fático.

Pontua Heleno Taveira Torres (2018, *online*) que a "doutrina anglo-saxônica da 'argumentação consequencialista' (*consequentialism argument*), se caracteriza por um modelo fundado no dirigismo da decisão segundo critérios baseados nas consequências práticas externas ao sistema jurídico, como justificativa para valoração dos fatos e normas aplicáveis".

Embora não seja tarefa fácil precisar a origem, seja no campo epistemológico, filosófico ou do direito propriamente dito, da utilização das consequências para averiguar se um(a) ato/conduta é certo(a) ou errado(a), moral ou imoral, em oposição à tal averiguação à luz de elementos intrínsecos ao ordenamento jurídico (*e. g.* hierarquia, conteúdo, eficácia etc.), o certo é que tal argumento já é parte integrante do ordenamento jurídico brasileiro.

De forma genérica, poder-se-ia indicar uma feição consequencialista da própria Constituição Federal de 1988, como pela leitura do art. 170, que aponta para uma preocupação com as consequências práticas a serem observadas pela ordem econômica, como a função social da propriedade, a defesa do meio ambiente, a redução de desigualdades, a busca do pleno emprego etc.

De forma específica, a Lei nº 13.655, de 2018, incluiu o art. 20 na Lei de Introdução às Normas do Direito Brasileiro (LINDB), para prever que nas "esferas administrativa, controladora e judicial, não se decidirá com base em valores jurídicos abstratos sem que sejam consideradas as consequências práticas da decisão".

Embora se reconheça a amplitude do dispositivo, esta pesquisa não se propõe a analisar o consequencialismo à luz da atividade legislativa, tampouco da aplicação das leis pelo Poder Executivo, mas sim sob a óptica da aplicação dinâmica do direito pelo Poder Judiciário, especificamente pelo Supremo Tribunal Federal.

Aliás, fora por perceber a influência do argumento sobre o tribunal que a Procuradoria da Fazenda se apropriou do consequencialismo em matéria tributária, toda vez que está na iminência de suportar o resultado de uma causa em sentido contrário aos seus interesses.

Nesse momento, a Fazenda clama pela observância às consequências envolvendo o risco fiscal, buscando a manutenção da constitucionalidade da norma e a continuidade da cobrança do tributo, justamente para se evitar o impacto negativo nos cofres públicos decorrente da decisão de inconstitucionalidade e atribuição de efeitos *ex tunc*.

Em certa medida, parece-se retornar ao *status* de quando não havia modulação, pretendendo a Fazenda convencer os magistrados que seria mais conveniente – a quem alega – manter a exação indevida no ordenamento jurídico, do que considerá-la inconstitucional e imputar ao fisco o dever de restituir os valores recolhidos sob a vigência da inconstitucionalidade.

Apenas quando não consegue convencer do argumento acima, requer, então, a limitação temporal dos efeitos da decisão. Ou seja, não vencem no mérito, mas vencem no tolhimento do direito de milhares de contribuintes à restituição ou compensação do indébito legalmente devido.

É o que José Maria Arruda de Andrade (2018, *online*) chamou de "terrorismo argumentativo", na medida em que, ao defender que decisões políticas caberiam ao Poder Legislativo, não ao Poder Judiciário, argumenta que o impacto fiscal se resolve pela gestão de risco adotada pelo governo central, nos termos do art. 165 da Constituição, assim como dos arts. 4º e 5º da Lei de Responsabilidade Fiscal (Lei Complementar 101, de 2000), não se permitindo a transferência de responsabilidade ao Judiciário via uso de argumentos consequencialistas que visam o perdão de uma aposta mal sucedida do Estado.

Ocorre que o STF parece ter abraçado esse "terrorismo argumentativo", passando a utilizar o argumento consequencialista do risco financeiro como fator determinante para a aplicação de efeitos prospectivos.

No julgamento do Recurso Extraordinário nº 574.706/PR, reiteradamente, os ministros que votaram favoravelmente à modulação expuseram o dado apresentado pela Procuradoria-Geral da Fazenda Nacional de que haveria um impacto orçamentário de cerca de R$ 250 bilhões, que desestabilizaria a própria estrutura estatal. O min. Gilmar Mendes, votando favoravelmente à modulação, expressamente consignou que não caberia ao STF interferir na capacidade de custeio e investimento, aumentando o déficit do Estado, caso não acolhesse a tese pela atribuição de efeitos *ex nunc*.

Necessário, porém, uma reflexão reversa: caberia ao Judiciário, então, a proteção do orçamento estatal? De outro modo, caberia ao STF decidir de modo a gerir os recursos públicos com mais eficiência e maximizando a arrecadação?

Nessa linha, pontuou o min. Edson Fachin, no mesmo julgado, que a perda de arrecadação não permite a manutenção de cobranças inconstitucionais, vez que geraria um aumento sem causa da esfera econômica e financeira do Estado, em detrimento do contribuinte que pagou indevidamente, apenas por obedecer a legislação e/ou o vigente entendimento do fisco.

CAPÍTULO 7 • O CONSEQUENCIALISMO NA MODULAÇÃO DE EFEITOS EM MATÉRIA TRIBUTÁRIA **129**

Temendo os rumos que a utilização do supracitado argumento, de modo incorreto, possa tomar, aponta Streck (2014):

> O consequencialismo não pode servir de balizamento para a modulação de efeitos da decisão de inconstitucionalidade, dado que, sob este prisma, o direito constitucional jamais conseguirá sustentar a proteção e promoção dos direitos fundamentais, exatamente pelo seu caráter de individuais, mas que beneficiam a coletividade.

A influência das consequências orçamentárias na tomada de decisão é tamanha que o cenário firmado no tema 69 tem se repetido nas demais demandas de repercussão tributária, a exemplo da inconstitucionalidade das alíquotas de ICMS sobre energia elétrica que afrontavam à seletividade (tema 745), da inconstitucionalidade da cobrança da Diferença de Alíquotas do ICMS – DIFAL, sem lei complementar (tema 1.093), da inconstitucionalidade da incidência do IRPJ e da CSLL sobre os valores atinentes à taxa Selic recebidos em razão de repetição de indébito tributário (tema 932), da inconstitucionalidade da cobrança de ICMS na transferência de mercadorias entre estabelecimentos do mesmo titular (ADC 49/CE), sendo que nesta última já havia repercussão geral firmada pelo STF (tema 1.099) e súmula do STJ (verbete nº 166), entre outros *cases*.

Tolheu-se, ainda, o direito de os contribuintes reaverem os valores pagos, inclusive, em causa de valor menos expressivo, como no julgamento da ADI 6145/CE, onde o STF entendeu pela inconstitucionalidade da taxa cobrada no âmbito do contencioso administrativo tributário no estado do Ceará, tanto para impugnação, quanto para recursos administrativos, mas modulou os efeitos da decisão, sendo que o prejuízo apontado pela Governadora do Estado do Ceará, fundada em relatório emitido pela própria Secretária da Fazenda do Estado do Ceará, fora no montante de aproximadamente R$ 11 milhões.

Todos os casos referidos acima possuem um ponto em comum: a utilização do argumento econômico, qual seja, o negativo impacto financeiro que a decisão traria ao erário, tendo sido tal argumento suficiente, por si só, para possibilitar a concessão de efeitos *ex nunc* às decisões.

O que não parece convincente, contudo, é que tal argumento seja pronto em si mesmo, suficiente a justificar a modulação. Aliás, Teresa Arruda Alvim (2020, *online*) bem apontou que "nenhuma decisão judicial pode ter por base única: o perigo de esvaziamento dos cofres públicos, a iminência da quebra do erário, prováveis dificuldades de caixa etc.".

Além da incompletude de fundamentos, o problema também pode ser extraído de dentro do consequencialismo, na seguinte medida: quais as consequências que estão sendo pensadas e refletidas quando da tomada de decisão? Isto é, consequências para quem, em que sentido, em que medida e comprovadas como? Indo além, será que há consequências outras igualmente relevantes ou, até mesmo, mais importantes do que aquelas consideradas para determinada forma de decidir? Será que as consequências que se visou evitar, de fato, acontecerão, mas há outras com as quais também se deva preocupar? É o que se pretende debruçar na próxima seção.

3. E AS CONSEQUÊNCIAS DO CONSEQUENCIALISMO?

Conforme visto, o argumento consequencialista não é exclusivo do direito tributário, tampouco do direito em si, mas está presente nas mais variadas formas de pensar e decidir dos indivíduos.

Tal qual abordado no capítulo anterior, pôde-se perceber que a proteção orçamentária tem se mostrado como o principal argumento para promover a modulação de efeitos em matéria tributária. Não há como desconsiderar a relevância do argumento, bem como a real importância da proteção dos cofres públicos, que, em última instância, serão responsáveis pela instauração de políticas sociais e econômicas em prol do bem estar social, ou do interesse social, para se utilizar de termo correlato à modulação, resguardando diversos aspectos basilares da Constituição Federal de 1988, mas não é só.

O que tem se evidenciado, como consequência ao que se tornou "a frequente modulação de efeitos em matéria tributária", é um verdadeiro estímulo à propositura de inúmeros processos, potencializando um massivo contencioso tributário.

É que, pensando em um cenário no qual a regra seria a atribuição de efeitos *ex tunc* e *erga omnes* às decisões que declarem a inconstitucionalidade de uma norma que instaurou uma exação indevida, por exemplo, tornaria escassa a necessidade de os contribuintes ingressarem com ações próprias – o que envolve custos com advogados, despesas processuais e o fator tempo, tudo o que poderia estar sendo concentrado na real atividade produtiva da pessoa, física ou jurídica – questionando o dito tributo.[5]

Ao revés, o fato de o Supremo Tribunal Federal vir adotando uma postura de "ganha, mas não leva", ou seja, é inconstitucional, mas os efeitos da invalidade da norma só serão produzidos de determinada data em diante, instaura-se o exacerbado contencioso tributário, vez que o Tribunal costuma resguardar o direito daqueles contribuintes que ingressaram com ações em determinada data.

A título ilustrativo, exemplo icônico pode ser extraído do já mencionado Recurso Extraordinário 574.706/PR (tema 69 da repercussão geral), em que o STF entendeu pela inconstitucionalidade da inclusão do ICMS na base de cálculo

---

5. Ante a inércia do Poder Judiciário, não se desconsidera que alguns primeiros contribuintes ou entidades legitimadas ingressariam com referidos processos, entretanto, evitar-se-ia o múltiplo contencioso formado quando o tema alcança os holofotes da mídia.

da contribuição para o Programa de Integração Social (PIS) e da Contribuição para Financiamento da Seguridade Social (COFINS), mas modulou os efeitos da decisão,[6] para resguardar, apenas, quem tivesse ingressado com a ação até 15 de março 2017, data em que fora iniciado o julgamento de mérito no Supremo.

Segundo dados informados nos votos dos ministros Alexandre de Moraes e Gilmar Mendes, que compuseram a maioria pela modulação, o impacto financeiro das eventuais repetições de indébito alcançaram um valor exorbitante, muito pelo fato de que, citando informações prestadas pela União,[7] havia mais de 56.000 processos ajuizados sobre o tema, sendo cerca de 78% ajuizados a partir do ano de 2017, quando o STF julgou o mérito do supracitado processo.

Visando atestar o levantamento apurado pela União, especificamente pela Procuradoria Geral da Fazenda Nacional (PGFN), utilizou-se *software* de jurimetria independente[8] e se aplicou filtros inerentes ao caso concreto.

Em resumo, indicou-se como jurisdição todo o território nacional ("Brasil"), realizando um recorte para apenas ações movidas por "pessoa jurídica", sob o rito do "processo de conhecimento" ou "mandado de segurança", em trâmite perante a "Justiça Federal", contendo como tipo de assunto os termos "Cofins", "Pis", Exclusão ICMS".

Primeiramente, analisou-se o interstício temporal compreendido entre janeiro de 2012 e fevereiro de 2017, com o fito de auferir o contencioso tributário no período relativo aos aproximados 5 anos que antecederam o julgamento de mérito do tema 69, encontrando-se o total de 9.121 processos, sendo a maioria propostos por empresas do seguimento de comércio varejista. Observe-se:

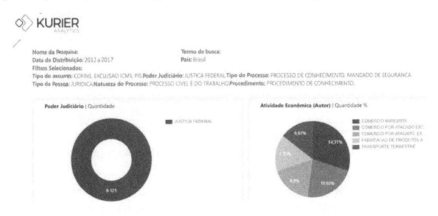

---

6. Vencidos os Ministros Edson Fachin, Rosa Weber e Marco Aurélio.
7. Não se localizou os referidos dados na peça de embargos de declaração, o que leva crer terem sido apresentados posterirormente, em sede de memoriais, protocolados nos autos e/ou entregues diretamente no gabinete dos ministros.
8. Disponível em: https://www.kuriertecnologia.com.br/solucoes/kurier-analytics.

Posteriormente, sob os mesmos filtros, buscou-se averiguar o número de processo no mesmo marco temporal seguinte, ou seja, nos aproximados 5 anos que sucederam o julgamento do mérito do tema 69, abril de 2017, até o julgamento dos embargos de declaração em maio de 2021.

As empresas de comércio varejista seguiram na liderança, mas o resultado encontrado pelo *software* acusou um crescimento superior a 600% no número de ações em trâmite, totalizando 56.498 processos. Veja-se:

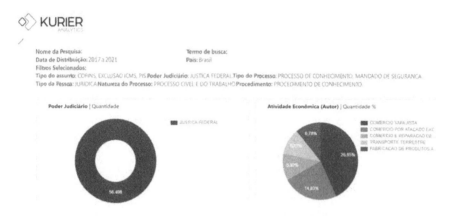

Curioso que os dados utilizados pela PGFN, semelhantes aos apresentados acima, foram utilizados pelo fisco como ponto argumentativo para comprovar o crescimento do impacto orçamentário a que se sujeitariam os cofres públicos em não havendo a limitação dos efeitos retroativos.

Todavia, entre outros fatores, ignora-se que a modulação, da forma posta, tem resultado no estímulo à propositura de inúmeras ações, indo de encontro ao sistema de precedentes que possui como uma de suas bases a redução da litigiosidade. Ignora-se, ainda, que o vultoso estoque de processos ajuizados pós julgamento do mérito (março de 2017) se mostrou, na prática, desnecessário, vez que não alcançará a solução jurídica esperada e apenas será julgado sem que haja interesse de agir de ambas as partes, sendo seu destino o arquivamento.

Destino tal que pode levar meses ou anos, ainda ocupando o contencioso tributário e exigindo a manutenção dos processos em sistemas, bem como exigindo providencias de servidores, juízes, desembargadores, ministros, advogados, procuradores, promotores etc., na medida em que certas formalidades processuais ainda terão de ser cumpridas.

Tomando como base dados públicos divulgados no âmbito do Conselho Nacional de Justiça (CNJ), apurou-se a propositura de 92.934 ações antiexacionais – mandado de segurança e sob o procedimento comum – apenas no ano de

CAPÍTULO 7 • O CONSEQUENCIALISMO NA MODULAÇÃO DE EFEITOS EM MATÉRIA TRIBUTÁRIA

2020, compondo um estoque de processos tributários de 501.283 processos, o que resultou em uma despesa total de R$ 1.587.891.808,30.

Apesar dos vultosos valores acima, o estímulo à litigiosidade e o encarecimento do custeio da máquina pública, notadamente do Judiciário e da PGFN, embora seja um nítido parâmetro econômico negativo, não fora uma consequência enfrentada quando do entendimento pela modulação.

O cenário acima contribui bastante para que o Brasil possua um contencioso tributário que, conforme "relatório divulgado pelo Instituto de Ensino e Pesquisa (Insper), denominado Contencioso Tributário no Brasil (2020, referência 2019), [...] alcançou a cifra de 5,44 trilhões de reais em 2019, o que equivale a 75% do PIB nacional. Desse montante, 74%, ou seja, 4,01 trilhões de reais, estão sendo tratados na esfera judicial" (Souza e Pria, 2022).[9]

Sob outro aspecto, não se pode desconsiderar o quão reprovável é, à luz do devido processo legal e do contraditório, a anuência do STF quanto ao fato de a modulação de efeitos poder ser arguida da tribuna, sob última instância,[10] em sede de sustentação oral, como o foi quando do julgamento do mérito do RE 574.706/PR.

Na ocasião, ao não apreciar o pedido por não constar nos autos, o STF reafirmou sua jurisprudência em entender como cabível a apresentação do argumento via embargos de declaração, extrapolando o cabimento do recurso que possui lastro taxativo na existência de omissão, contradição, obscuridade ou erro material (CPC, art. 1.022 e seguintes).

Extrapola, ainda, a súmula 7, do STJ, tão difícil de ser superada pelos particulares, mas ignorada em favor do fisco, desconsiderando o necessário exame de fatos e provas para auferir o montante do impacto financeiro ao poder público, como decorrência da derrota processual; e as súmulas 282 e 356, do STF, haja vista que tais questões não foram ventiladas nas instâncias ordinárias, não havendo prequestionamento apto a legitimar o enfrentamento da matéria pelos tribunais superiores.

---

9. Não se ignora a existência de outros fatores igualmente relevantes. Os próprios autores citam a inflação legislativa, a falta de confiança na relação fisco-contribuinte, o excesso de burocracia e o alto grau de complexidade do sistema tributário brasileiro, a exemplo das, em média, 1.501 horas/ano gastas para o cumprimento das obrigações tributárias, enquanto a média da OCDE é de 158,8 horas/ano, fazendo com que o Brasil ocupe a 184º posição, de 190 países avaliados, do *ranking* de maior regulamentação do ambiente de negócios.

10. De modo diametralmente oposto, no *tax case C-292/04, Meilicke [2007] ECR I-1872*, o Tribunal de Justiça da União Europeia (TJUE) deixou de apreciar os argumentos do impacto econômico e da segurança jurídica e, consequentemente, o pedido de modulação de efeitos, em razão da preclusão, considerando o fato de a argumentação não ter sido formulada nas instâncias anteriores. Ou seja, o TJUE apenas se manifestaria sobre a limitação temporal quando enfrentada no próprio acórdão que decidiu quanto à interpretação solicitada.

Há de se mencionar, ainda, a regra da vedação à decisão surpresa, extraída do art. 10, do CPC, haja vista que os particulares têm litigado em todas as instâncias uma matéria eminentemente de direito para, ao final do litígio, serem surpreendidos com um provimento baseado em critérios alheios ao que fora debatido nos autos.

Nesse contexto, a despeito da mitigação de requisitos formais exigidos aos demais casos, a União inicia árdua tarefa de atuação juntamente aos ministros, não se limitando ao referido recurso, mas no envio de vasto material aos gabinetes, inclusive, extra-autos, a fim de comprovar o impacto orçamentário, o que é fomentado por políticos, secretários de estados e ministros da fazenda, cabendo aos contribuintes escasso acesso quanto aos dados apresentados, tampouco tempo hábil para estudar, checar as fontes e confrontar os cálculos.

Embora haja aspectos legítimos na conduta do fisco, especialmente de atuação diligente em demandas estratégicas, a principal crítica é o momento da ocorrência, apenas em última instância, muitas vezes até mesmo após o julgamento do mérito, sem espaço para que o contribuinte possa regularmente produzir provas em contrário.

Inclusive, relevante pesquisa utilizando a Lei de Acesso à Informação – LAI (Lei 12.527/2011), e resposta à notificação enviada à Receita Federal do Brasil, constatou a imprevisão do propagado impacto de R$ 250 bilhões relativo ao RE 574.706/PR, pela ausência de explicação da metodologia e por fragilidades nos critérios adotados de cálculo, como, por exemplo, o fato de o impacto corresponder aos anos de 2008 até 2014, considerando todas as empresas constituídas, ou seja, ignorando as que não ajuizaram ações, as que não são contribuintes de ICMS (prestadoras de serviços ou que exercem atividade de locação), as que ajuizaram, mas depositaram os valores controvertidos em juízo, não se atentando, ainda, a divergências de alíquotas de PIS e COFINS quanto aos distintos regimes de tributação etc. (Piscitelli et al, 2017).

Essa assimetria leva a tomadas de decisão com base em informações unilaterais e, muitas vezes, equivocadas, que serão consideradas corretas sem maiores debates, inegavelmente favorecendo uma das partes, normalmente, o Ente Público. E se esse favorecimento vai de encontro ao devido processo legal, ao contraditório e à ampla defesa, mostra-se como indevida a privação dos bens das interessadas, pela negativa de restituição dos valores pagos a título de exação inconstitucional, conforme interpretação conjunta dos incisos LIV e LV, do art. 5º, da CF.

Diversamente sucederia, diga-se de passagem, se o argumento da modulação, ainda que em caráter subsidiário, aparecesse desde as instâncias ordinárias,

CAPÍTULO 7 • O CONSEQUENCIALISMO NA MODULAÇÃO DE EFEITOS EM MATÉRIA TRIBUTÁRIA

precisamente na primeira oportunidade que o Poder Público se manifestasse em juízo, em cumprimento ao art. 336, do CPC.[11]

Como última nota, ao que estas breves linhas permitem, preocupa-se com o destino que a excessiva modulação de efeitos pode conduzir.

Imagine-se hipótese na qual a Receita Federal do Brasil edite Instrução Normativa definindo que os valores percebidos a título de indenização por danos morais devem ser incluídos na base de cálculo do imposto de renda. Com efeito, inicia-se a cobrança e arrecadação de tais valores, a despeito da insurgência de inúmeros contribuintes, bem como do consolidado entendimento de que o conceito de renda não engloba referida indenização, vez que não há acréscimo patrimonial tributável, mas mera recomposição de prejuízo suportado pelo contribuinte. Inclusive, tal posicionamento se encontra sumulado no verbete nº 498, do STJ.

Há dúvidas de que, em vindo novamente o STJ afastar a cobrança da exação, não deveria a decisão se sujeitar à limitação temporal de efeitos? Poder-se-ia aduzir que não, mas nem sempre esse é o caminho que tem se seguido na prática.

Machado Segundo (2021, p. 87) relembra o ocorrido com a Emenda Constitucional 30/2001 e com a Emenda Constitucional 62/2009, ambas contendo disposições acerca do parcelamento de precatórios. Em resumo, a primeira fora declarada inconstitucional pelo STF, via ADI 2.356. Diante disso, como esperado, a segunda encontrou similar destino, contudo, apesar do claro posicionamento conhecido do Tribunal, o STF entendeu por modular os efeitos da decisão.

Desta feita, haveria margem para a edição de atos deliberadamente inconstitucionais pelo Poder Público, com amparo na proteção que a modulação lhe tem possibilitado? Noutros termos, o cenário atual conduz à interpretação de que é mais benéfico instituir tributos e arrecadá-los dentro dos limites da lei, ou extrapolá-la, por mais reprovável que seja, possui maior eficácia econômica ao Estado?

O que se visa evitar é a chamada "inconstitucionalidade útil", pela qual o Ente criaria uma norma sabidamente inconstitucional, aproveitando-se dos contribuintes que recolheriam os tributos por vasto período de tempo, até que a cobrança fosse afastada pela Suprema Corte e, ao o ser, seria o Ente novamente beneficiado pela aplicação da modulação, pois seriam consideradas as mesmas consequências negativas da atribuição de efeitos *ex tunc*, ou seja, o impacto econômico que adviria da devolução de valores aos contribuintes.

E pior: "quanto mais gravosa fosse a lei, e maior fosse a arrecadação dela resultante, maior seria a chance de ela ser mantida. Quanto mais inconstitucional

---

11. CPC, Art. 336. Incumbe ao réu alegar, na contestação, toda a matéria de defesa, expondo as razões de fato e de direito com que impugna o pedido do autor e especificando as provas que pretende produzir.

ela fosse mais chance teria de ser declarada... constitucional! Seria a institucionalização do princípio do quanto pior, melhor" (Ávila, 2015).

É nessa perspectiva que o argumento econômico-financeiro e a defesa orçamentária tornariam a modulação como regra em matéria tributária, afastando sua natural excepcionalidade, sendo difícil enquadrá-la na necessária segurança jurídica, ou ainda em parâmetros mais específicos como a boa-fé e o comprovado relevante prejuízo pecuniário.

Desse modo, ainda por se decidir em prol ou contrariamente à modulação de efeitos, a Corte haveria ainda que considerar o aspecto pedagógico na devolução das quantias arrecadadas impropriamente, que visa evitar a não repetição da conduta inconstitucional, a fim de não tornar como regra um preceito que faz com que o texto rígido da Constituição Federal apenas tenha validade de determinada data em diante, como faz a modulação de efeitos.

Na verdade, como bem aponta Pandolfo (2012, p. 241), é inegável que o Estado é falível, contudo, a restituição confere a segurança de que os erros serão mitigados, estimulando a confiança dos cidadãos no Estado. A atual jurisprudência do STF, porém, parece caminhar em sentido oposto.

CONSIDERAÇÕES FINAIS

A segurança é um valor intransponível aos seres humanos e recebe o adjetivo "jurídica" por encontrar máxima proteção pelo Direito. Constitui, assim, um elemento essencial ao Direito, não havendo o que se falar neste, sem que haja segurança.

Paradoxalmente, um instituto criado para promover a segurança jurídica – a modulação de efeitos – pode, ao revés, gerar um cenário de elevada insegurança, sempre que for utilizado sem fiel observância aos critérios para os quais fora instituído.

No atual cenário, é indubitável que o impacto econômico do indébito a ser restituído tem se mostrado como o argumento predominante a legitimar a utilização da atribuição de efeitos futuros às decisões de inconstitucionalidade em matéria tributária.

Ocorre que referido argumento consequencialista, sem um amparo mais profundo na segurança jurídica, no real interesse social, na boa-fé, na confiança legítima e no ônus da prova que justifique o próprio risco orçamentário, não se mostra como suficiente à excepcionalidade do instituto, notadamente quando há outras consequências igualmente gravosas que não compuseram os debates que resultaram na modulação.

CAPÍTULO 7 • O CONSEQUENCIALISMO NA MODULAÇÃO DE EFEITOS EM MATÉRIA TRIBUTÁRIA **137**

No citado exemplo do RE 574.706, torna-se difícil uma defesa ao argumento, quando se considera a continuidade de uma cobrança, ignorando que o STF já possuía precedentes favoráveis aos contribuintes, com maioria formada desde, pelo menos, 2006 e 2008 (*vide* RE 240.785/MG e Medida Cautelar na ADC 18), sem mencionar as previsões já contidas na Lei de Diretrizes Orçamentárias.

Ademais, o próprio argumento econômico tomado como verídico pelo STF, além de impreciso, por não ter havido grau de certeza quanto aos cálculos do real impacto econômico aos cofres públicos, não confrontou outras consequências igualmente relevantes advindas de uma decisão que não resguarda o direito de diversos interessados que tiveram, por longos anos, seus direitos violados por uma norma inconstitucional.

Retomando ao *trolley dilemma,* a resposta assertiva do consequencialismo em salvar cinco operários seria alterada se fossem idosos, solteiros ou portadores de doenças terminais, enquanto o operário no outro trilho fosse casado e possuísse filhos que dele dependem? Ainda, se o sujeito fosse o futuro descobridor da cura contra o HIV, ou se dentre os operários existissem terroristas que viriam a cometer atos contrários à vida de muitos?

Eis a grande dificuldade de elencar um único argumento consequencialista e crer que ele será suficiente para promover a melhor resposta ao caso concreto, deixando de levar em conta que sempre pode haver outras consequências imprevistas.

Entre tais consequências, no que tange a este objeto de estudo, citou-se, da maneira não exaustiva, o estímulo à litigiosidade, a violação ao devido processo legal, ao contraditório e à ampla defesa, quanto ao momento argumentado pela modulação, com a juntada de cálculos e estudos complexos ao final do processo, bem como a ausência de boa-fé, atrelada à possibilidade de uma disruptura moral na criação e cobrança de exações, sob o que se denominou de "inconstitucionalidade útil".

Nessa óptica, não cumprido o requisito máximo da modulação – a segurança jurídica – tampouco os demais requisitos apontados, entende-se que a modulação em matéria tributária tem sido impropriamente utilizada pela Suprema Corte, confundindo-se o interesse social com o mero interesse orçamentário, fazendo com que a maioria das discussões tributárias decididas em prol da Fazenda tenham sido contempladas pela atribuição de efeitos *ex nunc.*

São diversos os problemas listados acima (genéricos e específicos; teóricos e práticos) que fazem concluir que a modulação de efeitos em matéria tributária, conforme argumentos atualmente considerados pelo STF, tem ido de encontro à segurança jurídica, o que se mostra como prejudicial à tomada de decisão dos jurisdicionados em geral, além de reduzir a credibilidade do próprio Poder Judiciário perante a sociedade.

REFERÊNCIAS

ALVIM, Teresa Arruda. Consequencialismo nas decisões: não se pode ignorar os impactos no mundo dos fatos. *Conjur*. Disponível em: https://www.conjur.com.br/2020-jul-24/consequencialismo-decisoes-judiciais#:~:text=Consequencialismo%20jur%C3%ADdico%3A%20o%20lugar%20da,1009%2C%20p. Acesso em: 12 jul. 2023.

ANDRADE, Fábio Martins de. *Modulação em matéria tributária*: o argumento pragmático ou consequencialista de cunho econômico e as decisões do STF. São Paulo: Malheiros, 2011.

ANDRADE, José Maria Arruda de. *Consequencialismo e Argumento de Risco Fiscal na Modulação de Efeitos em Matéria Tributária*. Disponível em: file:///D:/Windows%2010/Downloads/1504-Texto%20do%20artigo-4814-1-10-20211223.pdf. Acesso em: 15 jun. 2023.

ANDRÉ, Marli Eliza Dalmazo Afonso. *Estudo de caso em pesquisa e avaliação educacional*. Liber Livros: Brasília, 2008.

ÁVILA, Ana Paula. *A Modulação de Efeitos Temporais pelo STF no Controle de Constitucionalidade*: Ponderação e regras de argumentação para a interpretação conforme a Constituição do artigo 27 da Lei 9.868/99. Porto Alegre: Livraria do Advogado, 2009.

ÁVILA, Humberto. *Teoria da Segurança Jurídica*. 4. ed. São Paulo: Malheiros Editores, 2016.

ÁVILA, Humberto. *Segurança Jurídica*: entre permanência, mudança e realização no direito tributário. 2. ed. São Paulo: Malheiros Editores, 2012.

ÁVILA, Humberto. A Inconstitucionalidade da Inclusão do ICMS na Base de Cálculo do PIS/COFINS. *Contribuições e Imposto sobre a Renda*: estudos e pareceres. São Paulo: Malheiros, 2015.

BRASIL. Constituição (1998). Constituição da República Federativa do Brasil. Brasília: DF, Senado, 1988.

BRASIL. Decreto-Lei 4.657, de 4 de setembro de 1942. Lei de Introdução às normas do Direito Brasileiro. Brasília: DF, Senado, 1942.

BRASIL. Exposição de Motivos 189, de 7 de Abril de 1997. Brasília: DF, Ministro de Estado Chefe da Casa Civil da Presidência da República, 1997.

BRASIL. Lei 9.868, de 10 de novembro de 1999. Brasília: Senado, 1999.

BRASIL. Lei 9.882, de 3 de dezembro de 1999. Brasília: Senado, 1999.

BRASIL. Lei 13.105, de 16 de março de 2015. Código de Processo Civil. Brasília: Senado, 2015.

BRASIL. Supremo Tribunal Federal. ADI 2240/BA. Disponível em: https://portal.stf.jus.br/processos/detalhe.asp?incidente=1830215. Acesso em: 10 jun. 2023.

BRASIL. Supremo Tribunal Federal. Recurso Extraordinário 574.706/PR. Relator(a): ministra Cármem Lúcia, Tribunal Pleno, julgado em 15/03/2017. Disponível em: https://portal.stf.jus.br/jurisprudenciaRepercussao/verAndamentoProcesso.asp?incidente=2585258&numeroProcesso=574706&classeProcesso=RE&numeroTema=69. Acesso em: 17 jun. 2023.

CÂMARA, Alexandre Freitas. *Levando os padrões decisórios a sério*: formação e aplicação de precedentes e enunciados de súmula. São Paulo: Atlas, 2018.

CARRAZZA, Roque Antonio. Segurança Jurídica e Eficácia Temporal das Alterações Jurisprudenciais: Competência dos Tribunais Superiores para fixá-la – Questões conexas. In: FERRAZ JUNIOR, Tércio Sampaio; CARRAZZA, Roque Antonio; NERY JUNIOR, Nelson. *Efeito ex nunc e as decisões do STJ*. 2 ed. Barueri, São Paulo: Manole, 2009.

EUROPEAN UNION. Court of Justice of the European Union (CJEU). Case 43-75 Defrenne v Sabena [1976] ECR 455. Disponível em: https://eur-lex.europa.eu/legal-content/PT/TXT/PDF/?uri=CELEX:61975CJ0043. Acesso em: 10 ago. 2023.

EUROPEAN UNION. Court of Justice of the European Union (CJEU). Case C-292/04, Meilicke [2007] ECR I-1872. Disponível em: https://eur-lex.europa.eu/legal-content/PT/TXT/PDF/?uri=CELEX:62004CJ0292&qid=1692107351212. Acesso em: 15 ago. 2023.

IBDT. Instituto Brasileiro de Direito Tributário. *Como o consequencialismo tem afetado o julgamento de questões tributárias?* Disponível em: https://www.youtube.com/watch?v=46FtuI5kTiY&list=PLox8Ob5BHGZhzbyMPEZSwus7y8Cr5L_2E&index=18. Youtube, 22 jul. 2021. Acesso em: 15 ago. 2023.

LANG, Michael. Limitation of Temporal Effects of CJEU Judgments – Mission Impossible for Governments of EU Member States. In: POPELIER, Patricia et al (Ed.). *The effects of judicial decisions in time*. Cambridge: Intersentia, 2014.

LOPES FILHO, Juraci Mourão. *Os precedentes judiciais no constitucionalismo brasileiro contemporâneo.* 2. ed. Salvador: JusPodivm, 2016.

MACHADO SEGUNDO, Hugo de brito. *Modulação que bate em Chico deveria bater em Francisco.* Disponível em: https://www.conjur.com.br/2022-set-07/consultor-tributario-modulacao-efeitos-bate-chico-deveria-bater-francisco. Acesso em: 15 jun. 2023.

MACHADO SEGUNDO, Hugo de brito. *Poder público e litigiosidade.* Indaiatuba, SP: Editora Foco, 2021.

MARTINS, Leonardo (Org.). Cinquenta anos de Jurisprudência do Tribunal Constitucional Federal Alemão. Montevidéo: Konrad Adenauer, 2005.

PANDOLFO, Rafael. *Jurisdição constitucional tributária*: reflexos nos processos administrativo e judicial. São Paulo: Noeses, 2012.

PEIXOTO, Ravi. *Superação do precedente e segurança jurídica.* 4. ed. Salvador: JusPodivm, 2019.

PEIXOTO, Ravi. *Superação do precedente e modulação de efeitos.* 5. ed. Salvador: JusPodivm, 2022.

PISCITELLI, Tathiane; VASCONCELOS, Breno Ferreira Martins; e MATTHIESEN, Maria Raphaela Dadona. ICMS na base do PIS/COFINS e a modulação de efeitos da decisão do STF: o risco fiscal e a reconstrução de um argumento. *Revista de Direito Tributário Contemporâneo.* São Paulo: Ed. RT, v. 9. 2017.

SANDEL, Michael J. *Justiça*: o que é fazer a coisa certa. Trad. Heloísa Matias e Maria Alice Máximo. 10. ed. Rio de Janeiro: Civilização Brasileira, 2013.

SOUZA, Luiz Cláudio Nogueira de. PRIA, Rodrigo Dalla. *Contencioso administrativo tributário*: entre agonia, ceticismo e esperança. Disponível em: https://www.conjur.com.br/2022-mai-29/processo-tributario-contencioso-administrativo-tributario-entre-agonia-ceticismo. Acesso em: 26 jun. 2023.

STRECK, Lenio Luiz. *Jurisdição constitucional e decisão jurídica.* 4. ed. São Paulo: Ed. RT, 2014.

TORRES, Heleno Taveira. *Direito Constitucional Tributário e Segurança Jurídica*: Metódica da Segurança Jurídica do Sistema Constitucional Tributário. São Paulo: Ed. RT, 2019.

TORRES, Heleno Taveira. *Modulação de efeitos da decisão e o ativismo judicial.* Disponível em: https://www.conjur.com.br/2012-jul-18/consultor-tributario-modulacao-efeitos-decisoes-fundamental. Acesso em: 20 jun. 2023.

TORRES, Ricardo Lobo. O consequencialismo e a modulação dos efeitos das decisões do STF. *Revista de Direito Tributário Atual*, São Paulo: Instituto Brasileiro de Direito Tributário, Dialética, n. 24, p. 440, 2010.

VELLOSO, Andrei Pitten. A Temerária "Modulação" dos Efeitos da Pronúncia de Inconstitucionalidade em Matéria Tributária. *Revista Dialética de Direito Tributário*. São Paulo: Dialética, n. 157, out. 2008.

VIDAL, Bernardo Raposo. *Argumentos consequencialistas no direito brasileiro*: usos e ab(usos). 2021. 153 f. Dissertação (Mestrado em Direito) – Faculdade de Direito, Universidade Federal do Ceará, Fortaleza, 2021.

WALDHOFF, Christian. Recent developments relating to the retroactive effect of decisions of the ECJ. *Commom Market Law Review* 46. Netherlands: Kluwer International, p. 173-190, 2009.